Fitnesstraining für den Kopf

Charles Phillips

Fitnesstraining für den Kopf

50 Rätsel für VISUELLES DENKEN

ARISTON

Für Melanie, Jim und Tom

Aus dem Englischen von Marion Zerbst
Die Originalausgabe dieses Buches erschien 2009 unter dem Titel
How to think. 50 puzzles for visual thinking bei Eddison Sadd Editions.

Bibliografische Information der Deutschen Bibliothek

Die Deutsche Bibliothek verzeichnet diese Publikation
in der Deutschen Nationalbibliografie; detaillierte bibliografische Daten sind im
Internet unter http://dnb.ddb.de abrufbar.

Umschlaggestaltung: Weiss / Zembsch / Partner: Werkstatt/München
Satz: EDV-Fotosatz Huber/Verlagsservice G. Pfeifer, Germering
Printed in Singapore

ISBN 978-3-424-20025-6

INHALT

Visuelles Denken

Wir leben in einem visuellen Zeitalter. Die Bilder im Fernsehen und Internet sind international verständlich und Werbung, Webseiten, Zeitschriftenlayouts und Filme appellieren geschickt an unsere visuelle Wahrnehmung.

Daher ist es heute wichtiger denn je, visuell denken zu lernen. Inzwischen sind die Menschen es gewohnt, gut gelayoutete Zeitschriften, raffinierte Webdesigns und einprägsame Bilder zu sehen. Um andere zu beeindrucken – sei es bei einer Präsentation am Arbeitsplatz, bei der Entwicklung einer Geschäftsidee oder der Gestaltung eines Essays –, müssen wir die Grundprinzipien einer guten optischen Präsentation kennen.

DIE MACHT DER BILDER Bilder sind einfach und haben eine direkte Wirkung. Mit einem Bild kann man eine komplizierte Idee prägnant und überzeugend darstellen. In einer geschäftlichen Besprechung ist es oft wirkungsvoller, Informationen oder Zusammenfassungen in einfache Bilder zu fassen, anstatt die Zuschauer mit Grafiken und Aufzählungspunkten zu langweilen. Häufig kommt es sogar besser an, wenn man solche Bilder »aus dem Stegreif« präsentiert, statt seine visuelle Argumentationskette vorher genau zu planen.

»Aber ich kann doch nicht zeichnen«, denken Sie jetzt vielleicht. Kein Problem! Sie können auch mit Strichmännchen, Pfeilen, Kästen und Kreisen arbeiten. Je einfacher das Bild, desto effektiver ist es.

AUCH SIE KÖNNEN VISUELL DENKEN Wir alle besitzen eine angeborene visuelle Intelligenz – denken Sie nur einmal an die lebhaften Bilder Ihrer Alb- oder Tagträume! Die meisten Kinder im Vorschulalter zeichnen, malen oder modellieren gerne. Doch leider verlieren viele Menschen diese natürliche Gabe des visuellen Denkens im Lauf der Jahre – nicht zuletzt, weil wir immerzu lernen, dass wir uns auf Zahlen und Wörter konzentrieren müssen. Aber wir können unsere visuelle Wahrnehmung auch wieder zum Leben erwecken, ohne dass es dazu einer besonderen künstlerischen Begabung bedarf.

ÜBEN SIE ES IM TÄGLICHEN LEBEN Es gibt viele Möglichkeiten, die Fähigkeit des visuellen Denkens im Alltag zu trainieren. Schließen Sie einmal die Augen und versuchen Sie, sich die Einrichtung Ihres Wohnzimmers oder den Grundriss Ihres Traumhauses vorzustellen. Oder nehmen Sie an, Sie müssten überraschend verreisen – in welcher Reihenfolge würden Sie Ihre Sachen in den Koffer packen? Wenn Sie über ein Problem nachdenken, versuchen Sie die Ideen in Bildern oder schematischen Darstellungen vor Ihrem inneren Auge zu sehen. Und wenn Sie eine Information zusammenfassen oder einem Kollegen einen Plan erläutern möchten, fertigen Sie zur Abwechslung doch einmal eine Skizze davon an!

IHR GEHIRN IST DAFÜR PRÄDESTINIERT Rund 50 Prozent des Gehirns sind für das Sehen und die Verarbeitung visueller Informationen zuständig. Viele Hirnregionen, mit denen wir Gesehenes verarbeiten, dienen gleichzeitig auch dazu, uns an visuelle Informationen zu erinnern oder uns die Zukunft auszumalen. Eine in diesem Zusammenhang wichtige Fähigkeit ist die Visualisierung. Man kann beispielsweise visualisieren (d. h. sich etwas bildlich vorstellen), um sich zu entspannen oder kreative Ideen zu entwickeln.

TRAINIEREN SIE IHRE VISUELLEN FÄHIGKEITEN Wenn Sie üben, visuell zu denken, wird sich dadurch auch Ihre Kommunikation verbessern – und das kann Ihnen wiederum helfen, beispielsweise beruflich weiterzukommen, denn Einstellungs- oder Beurteilungstests enthalten häufig Aufgaben, bei denen visuelle Talente gefragt sind. Außerdem können Sie durch visuelles Denken viel Zeit sparen – und zwar in allen Lebensbereichen.

Anhand der Rätsel und Aufgaben in diesem Buch werden Sie die Fähigkeit entwickeln, komplexe Formen und Muster zu visualisieren, und lernen, Ideen in Bilder umzusetzen.

DIE RÄTSEL IN DIESEM BUCH Dieses Buch enthält Rätsel in drei Schwierigkeitsgraden. Für jeden Schwierigkeitsgrad ist ein bestimmtes Zeitlimit vorgegeben. Das setzt Sie ein wenig unter Druck, und zwar mit gutem Grund: Oft können wir besser denken, wenn wir ein konkretes Ziel verfolgen oder unter Zeitdruck stehen. Aber wenn Sie mehr Zeit für diese

Rätsel benötigen als vorgesehen, ist das auch nicht schlimm. Nehmen Sie sich so viel Zeit, wie es Ihnen richtig erscheint. Für die Rätsel, die mit ZEITBONUS gekennzeichnet sind, dürfen Sie etwas mehr Zeit investieren – nicht weil sie schwieriger sind, sondern weil sie mehr Denkarbeit erfordern.

Von manchen Rätseln erscheint an späterer Stelle im Buch noch einmal eine etwas andere Version. Ab und zu geben wir Ihnen auch einen kleinen Tipp, und am Ende des Buches finden Sie außerdem immer wieder Platz für Notizen. Der letzte Teil – die HERAUSFORDERUNG – bietet Ihnen Gelegenheit, sich in Ihren neu erworbenen visuellen Denkfähigkeiten zu üben. Dafür geben wir Ihnen 10 bis 15 Minuten Zeit, damit Sie auch wirklich nach Zusammenhängen suchen, eine Lösung visualisieren und sich in der leeren Randspalte vielleicht auch ein paar einfache Skizzen machen können.

Wenn Sie auf diese Weise visuelle Fähigkeiten entwickeln, wird sich das sehr rasch auch in anderen Lebensbereichen bemerkbar machen: Sie werden Details und typische Muster eher erkennen und Ideen prägnant und überzeugend präsentieren können. Also beginnen Sie, Ihre Welt mit neuen Augen zu sehen – denken Sie visuell!

SCHWIERIGKEITSGRAD	ZEITLIMIT
LEICHT = AUFWÄRMEN	1–2 MINUTEN
MITTELSCHWER = BASISTRAINING	3–4 MINUTEN
SCHWER = INTENSIVTRAINING	5–6 MINUTEN
ZEITBONUS	6+ MINUTEN
DIE HERAUSFORDERUNG	10–15 MINUTEN

50 Rätsel für VISUELLES DENKEN

Nicht vergessen:

Schauen Sie **genau** hin!

Achten Sie auf **Details!**

Aber vergessen Sie auch nicht

die größeren Zusammenhänge!

Erkennen Sie **Muster und Analogien!**

Denken Sie **VISUELL!**

LEICHTE Rätsel für VISUELLES DENKEN

Die Rätsel im ersten Teil sind eine »Aufwärmübung« für Ihr visuelles Denken. Hier können Sie üben, Muster, Zusammenhänge oder räumliche Beziehungen zu erkennen und sinnvolle Analogien herzustellen.

ZEIT-BONUS

SUDOKU-KUCHEN I

Ein Physikstudent hat einen Job in der Bäckerei seines Onkels. Für eine Party bäckt er einen Sudoku-Kuchen mit mathematischen und geometrischen Symbolen aus Schokolade, kann ihn aber aus zeitlichen Gründen nicht fertigstellen und bittet deshalb seinen Onkel, die fehlenden Symbole in das Kuchen-Gitter einzusetzen. Jede Reihe, jede Spalte und jedes 3x3-Quadrat muss neun verschiedene Schokoladen-Symbole enthalten.

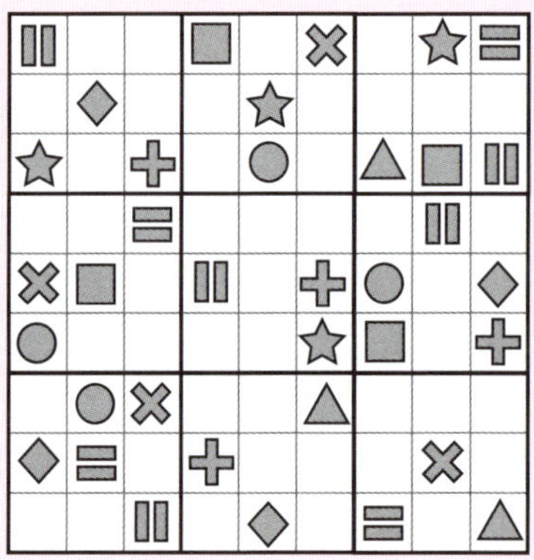

DENK-ANSTOSS

In der obersten Reihe fehlen die Symbole Dreieck, Kreis, Kreuz und Raute. Anhand der vorgegebenen Spielregeln kommen Sie leicht darauf, dass das zweite Symbol von links in der obersten Reihe ein Dreieck sein muss.

STEMPELSALAT I

Der Besitzer eines Schreibwarenladens macht ein paar Tage Urlaub und bittet seinen ziemlich chaotischen Neffen, sich um den Laden zu kümmern. Leider hat dieser die Stempel und deren Musterabdrücke durcheinandergebracht. Können Sie helfen, den Stempeln wieder die richtigen Abdrücke zuzuordnen?

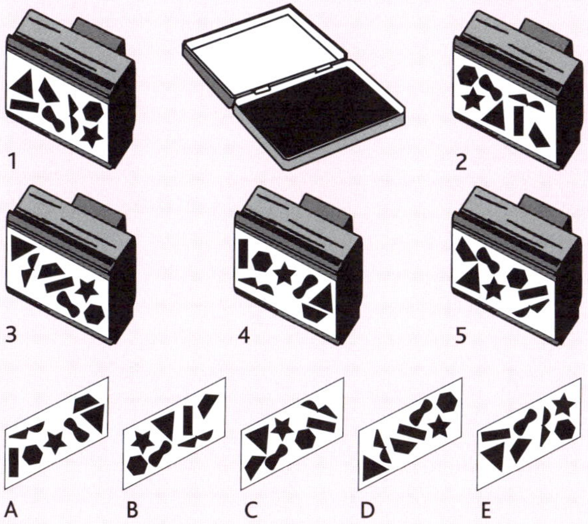

DENK-ANSTOSS

Der Abdruck von Stempel 4 ist leicht zu finden: Suchen Sie nach einem senkrechten Balken an einer Seite des Abdrucks.

WO IST DER RICHTIGE SCHLÜSSEL? I

Tai hat einen Job an der Rezeption des GARDEN HOTELS. Dabei muss er oft sehr rasch einen bestimmten Zimmerschlüssel finden. Wenn er gerade einmal Pause hat, übt er sich im Erkennen verschiedener Schlüsselformen. Können Sie ihm helfen, die unten abgebildeten Zimmerschlüssel den richtigen Schlüssellöchern zuzuordnen?

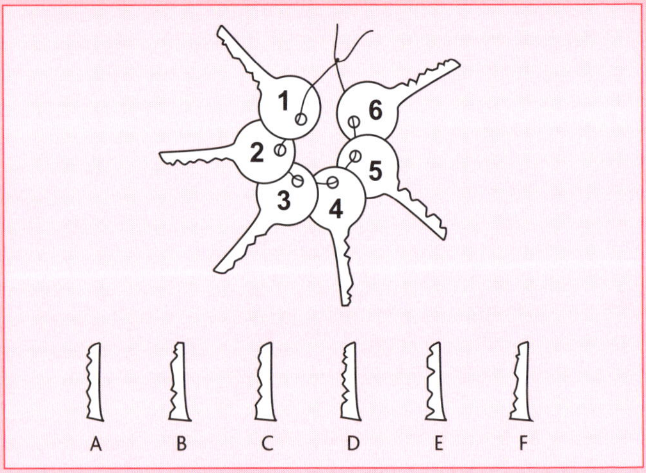

DENK-ANSTOSS

Sobald Sie einen Schlüssel richtig zugeordnet haben, ziehen Sie eine Verbindungslinie zwischen Schlüssel und Schlüsselloch! Das erleichtert Ihnen die Arbeit.

1–2 MINUTEN

FUTUREWORLD I

Bei Schwierigkeitsgrad 1 des Videospiels FUTUREWORLD muss folgende Aufgabe gelöst werden: Die Welt ist von einer dicken Eisschicht bedeckt. Wie viele würfelförmige Eisblöcke braucht man, um einen Canyon aufzufüllen, um ihn anschließend überqueren und in die Stadt gelangen zu können?

Gehen Sie davon aus, dass alle Blöcke, die man aus diesem Blickwinkel nicht sieht, vorhanden sind. Ursprünglich war diese Struktur vier Blöcke hoch, tief und breit.

DENK-ANSTOSS

Versuchen Sie, die fehlenden Blöcke auf jeder der Ebenen zu zählen.

AUSSENSEITER I

Dieses Rätsel wurde für die Schüler eines Mathe-Kurses ausgedacht. Jedes Feld enthält ein oder mehrere Symbole aus dem nummerierten Feld, das am linken Ende seiner Reihe liegt. Außerdem enthält jedes Feld ein oder mehrere Symbole aus dem mit Buchstaben versehenen Feld, das am oberen Ende seiner Spalte liegt. Ein Feld fällt jedoch aus diesem Muster heraus. Welches ist es?

		A	B	C	D	E	F	G
		6 ♫	₪ 7	● 8	▼ }	% #	? +	$ ♦
1	£ 3	♫ 3	₪ 3	£ ●3	▼ }£	% #3	+ 3	£ 3♦
2	◄ X	6 X	X ₪	◄ ●	◄ X▼	# X%	+ X?	$ ♦X
3	♥ 0	6 0♫	₪ 0	8 0	♥ }	% 0#	+ ?	0 $
4	♣ 4	4 6	7 4	● 4	♣ }	♣ %4	? 4	♣ ♦
5	5 ►	♫ ►6	₪ ►7	5 8	▼ ►}	► 5#	? +►	$ ►♦

DENK-ANSTOSS

Suchen Sie die Reihen und Spalten systematisch ab und konzentrieren Sie sich dabei immer nur auf ein Symbol.

VOR UND ZURÜCK

Finden Sie den Weg vom Eingang dieses Irrgartens links oben zum Ausgang rechts unten. Sie dürfen dabei nur schwarze Punkte durchqueren. Auf dem Weg zurück wiederum dürfen Sie nur graue Punkte durchqueren.

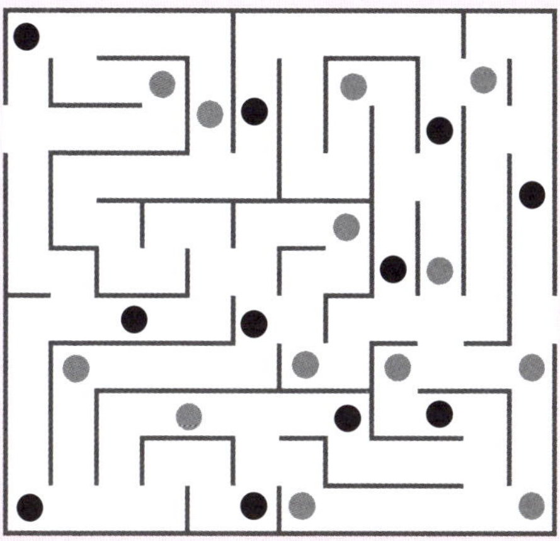

DENK-ANSTOSS

Auf dem Hinweg darf Ihnen kein grauer Punkt begegnen. Die Strecke an der Unterseite des Irrgartens entlang sieht zwar auf den ersten Blick vielversprechend aus, führt aber mehrfach zu grauen Punkten.

DIE TEEKANNEN

Eine Künstlerin verziert Teekannen für das Geschäft ihrer Tante mit bunt gemusterten Glasuren. Zwei der sechs Designs sehen genau gleich aus. Die Tante muss diese Dublette rasch finden, denn ein Kunde hat ausdrücklich fünf Kannen bestellt, deren Muster es garantiert nur einmal gibt. Können Sie ihr helfen?

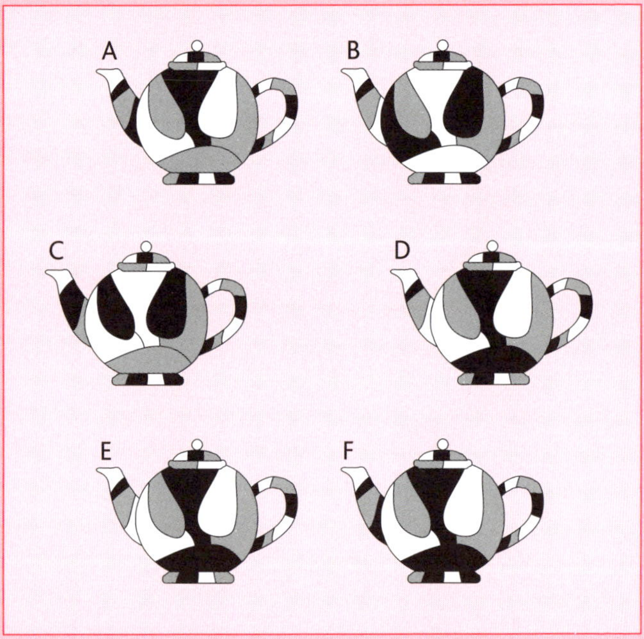

DENK-ANSTOSS

Suchen Sie nach identischen Schnäbeln.

FRÖHLICHES LANDLEBEN I

In einem Videospiel müssen die Spieler eine Farm erwerben und bewirtschaften. Zunächst müssen sie es mit den unten abgebildeten sechs Vogelscheuchen aufnehmen. Jede Vogelscheuche unterscheidet sich jeweils in einem Merkmal von den anderen. Können Sie helfen, diese Unterschiede zu finden?

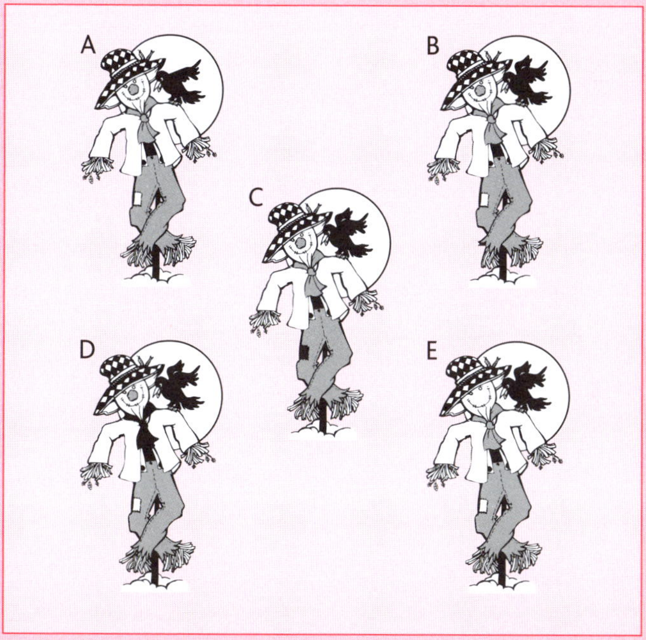

DENK-ANSTOSS

Achten Sie nicht nur auf die Vogelscheuchen, sondern auch auf die Krähen!

SCHIFFE VERSENKEN I

Der alte Seebär Captain Buckingham hat sich dieses Schiffe-versenken-Rätsel für seinen Nachbarn ausgedacht. Die Zahlen an den Rändern des Spielfelds zeigen an, wie viele einzelne oder nebeneinanderliegende Felder in den Reihen und Spalten von Schiffen oder Bojen besetzt sind. Das Spielfeld soll so ausgefüllt werden, dass es drei Kreuzer (4 Quadrate), drei Barkassen (2 Quadrate) und drei Bojen (1 Quadrat) enthält – und zwar genau den Zahlenangaben am Rand entsprechend.

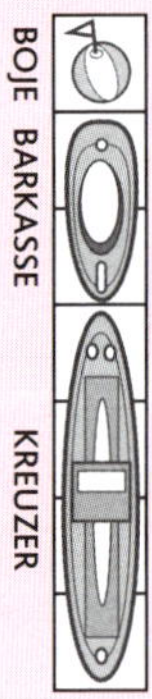

						4
						1 1 1
						2
						5
						1 1 1
						4
1 3	1 1 1	1 1 1	6	1 2	1 1	

DENK-ANSTOSS

»Die oberste Reihe enthält keine Bojen!«, sagt der Captain. »Dieser Anhaltspunkt bringt Sie schon einen ganzen Schritt weiter.«

WER FINDET DIE FEHLENDE FLIESE? I

Ein Spieleerfinder baut in das Intelligenzspiel, das er für Spielkonsolen entwickelt, folgende Denkaufgabe ein: Knacken Sie den Code der Matrix und finden Sie heraus, welche der seitlich abgebildeten Fliesen (A bis D) in die Lücke rechts unten gehört!

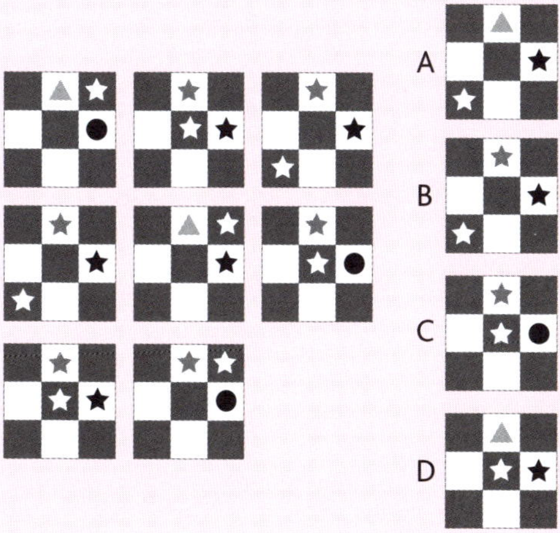

DENK-ANSTOSS

Achten Sie auf wiederkehrende Muster in den drei Reihen und Spalten.

1–2 MINUTEN

LADY HARRIETS HUT

Lady Harriet Walsingham braucht einen neuen Hut. Im Hutgeschäft probiert sie alle Hüte an und hängt sie dann achtlos wieder irgendwo hin. Unten sehen Sie, wie die Hüte vor und nach Lady Harriets Besuch aufgehängt waren. Welchen Hut hat sie gekauft?

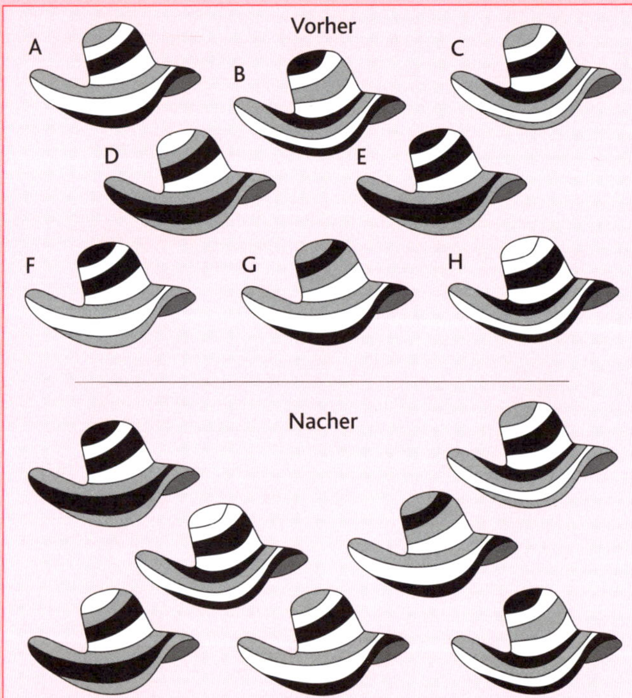

DENK-ANSTOSS

Notieren Sie sich die Buchstaben der Hut-Dubletten, die Sie beim Vergleich der oberen und unteren Auslage finden.

DER TANGRAM-TEST I

Ein Zeichenlehrer stellt seinen Schülern folgende Aufgabe: Sie sollen aus den sieben rechts abgebildeten Tangram-Teilen die unten dargestellten Formen bilden. »Aber ihr müsst alle Tangram-Teile dazu verwenden, und sie dürfen sich nicht überschneiden«, sagt er.

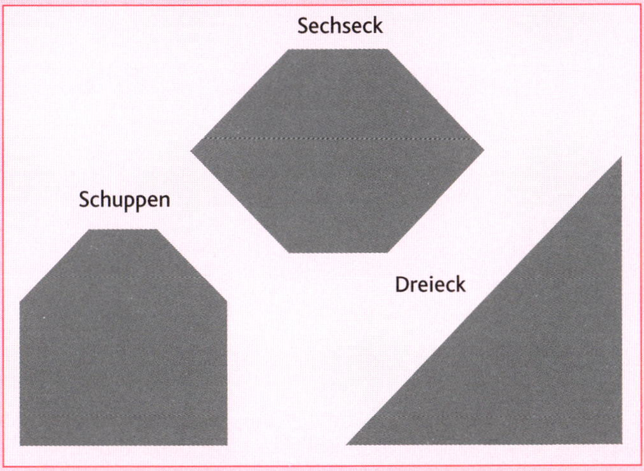

DENK-ANSTOSS

Am besten, Sie fangen beim Dach des Schuppens an. Der Mittelteil des Dachs muss ein Quadrat sein!

FRÜH ÜBT SICH, WER EIN SCHNEIDER WERDEN WILL I

Eine Schneiderin bittet ihre Lehrlinge, aus vier der unten abgebildeten Formen eine Vase (links unten) zu gestalten. Sie müssen dazu zwei schwarze und zwei weiße Teile verwenden. Die Formen dürfen gedreht, aber nicht auf den Kopf gestellt werden.

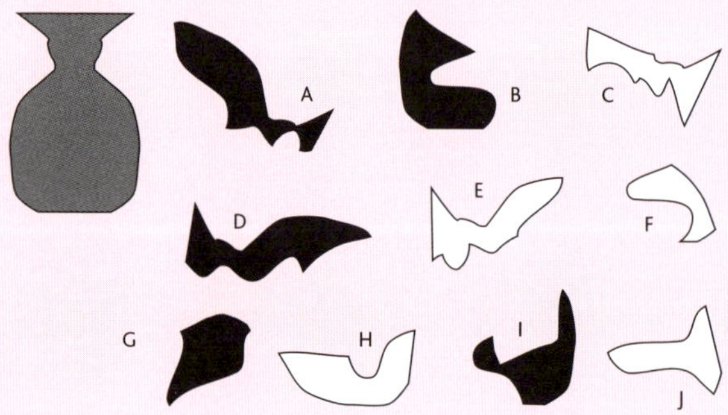

DENK-ANSTOSS

Probieren Sie doch einmal, Form A im Gegenuhrzeigersinn zu drehen.

ANTIKE SCHRIFTTAFELN

Henry dekoriert die selbst gemachte Karte zum 60. Geburtstag seines Vaters mit dem unten abgebildeten geheimnisvollen Code. Sein Vater ist Anthropologie-Professor und Amateur-Archäologe. »Welches der vier unten abgebildeten Quadrate (A, B, C oder D) muss man an die Stelle des Fragezeichens in der oberen Reihe setzen, um die Reihe sinnvoll fortzusetzen?«, lautet die Quizfrage auf der Karte.

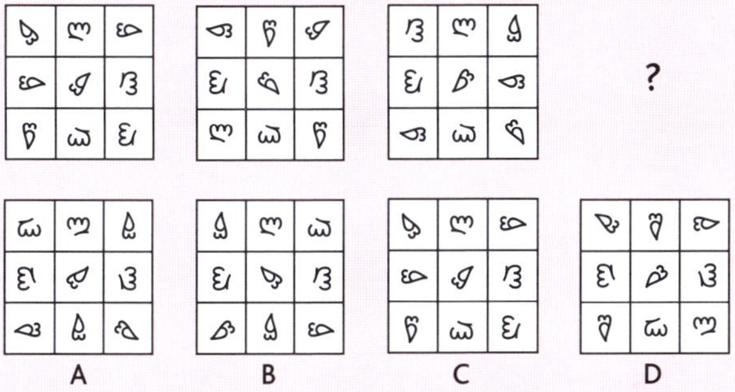

DENK-ANSTOSS

Merken Sie, wie sich das mittlere Symbol jedes 3x3-Quadrats auf dem Weg von A über B nach C verändert?

ANJAS JUWELEN I

Anja hat eine Schublade voller Edelsteine zum Dekorieren von Ringen. Eines Tages wird sie gebeten, eine Kollektion für eine Ausstellung in einer Schmuckgalerie zusammenzustellen, hat aber nicht viel Zeit dafür. Eine der Formen kommt in ihrer Schublade zweimal vor. Können Sie ihr helfen, diese Form zu finden?

DENK-ANSTOSS

Achten Sie auf Formen, die sich überschneiden! Denken Sie daran: Die Formen dürfen auch gedreht werden.

L-GITTER I

Dieses Rätsel hat Ed sich für seine Mutter ausgedacht. »Schau dir die vier L-Formen rechts und links neben dem Gitter an«, sagt er. »In dieses Gitter habe ich insgesamt zwölf L-Formen (drei von jeder Art) eingesetzt. Wo sind diese zwölf L-Formen? Jedes L hat irgendwo ein Loch. Man kann die Formen auch drehen oder auf den Kopf stellen, ehe man sie ins Gitter einsetzt. Es dürfen sich aber niemals zwei gleiche L-Formen berühren, nicht einmal über Eck. Die zwölf Teile passen so genau ineinander, dass es keine Lücken dazwischen gibt, sondern nur die Löcher zu sehen sind.«

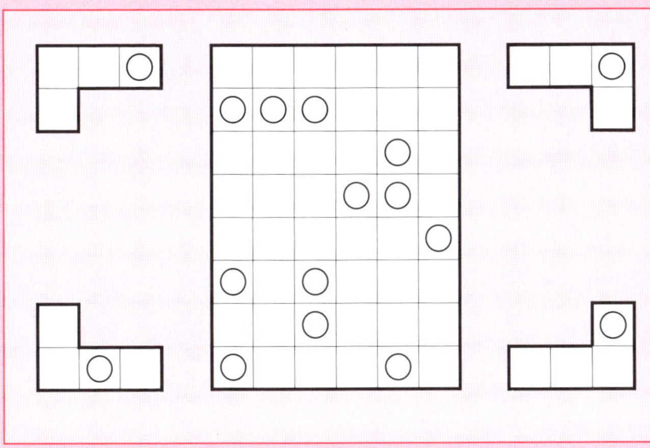

DENK-ANSTOSS

Die drei nebeneinander liegenden Löcher links oben sind ein guter Ausgangspunkt.

MITTEL-SCHWERE Rätsel für VISUELLES DENKEN

Der zweite Teil enthält Rätsel von mittlerem Schwierigkeitsgrad, bei denen Ihr visuelles Denken schon ein bisschen mehr gefordert ist. Dabei üben Sie sich im Erkennen von Mustern und Perspektiven und entwickeln gleichzeitig einen Blick fürs Detail. Auch Ihr visuelles Kurzzeitgedächtnis und Ihr Konzentrationsvermögen werden durch diese Rätsel geschärft.

3–4 MINUTEN

FRÖHLICHES LANDLEBEN II

Bei Schwierigkeitsgrad 2 des Videospiels (vgl. Rätsel 8) kommt der Spieler auf ein Herbstfeld, wo Elfen sechs Drachen steigen lassen. Nur zwei der Drachen sehen genau gleich aus. Diese beiden müssen innerhalb von vier Minuten gefunden werden.

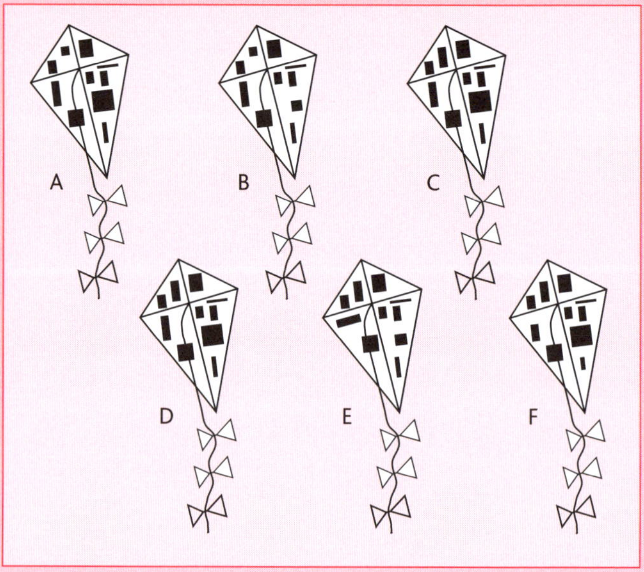

DENK-ANSTOSS

Das rechte obere Segment enthält bei allen sechs Drachen das gleiche Muster.

WO IST DER RICHTIGE SCHLÜSSEL? II

Tai wurde inzwischen zum Nachtportier des GARDEN HOTELS befördert und präsentiert seinen beiden Mitarbeiterinnen eine neue Version seines Schlüssel-Rätsels (vgl. Rätsel 3): Sie sollen die unten abgebildeten Zimmerschlüssel den richtigen Schlüssellöchern (A bs F) zuordnen. Können Sie den beiden helfen?

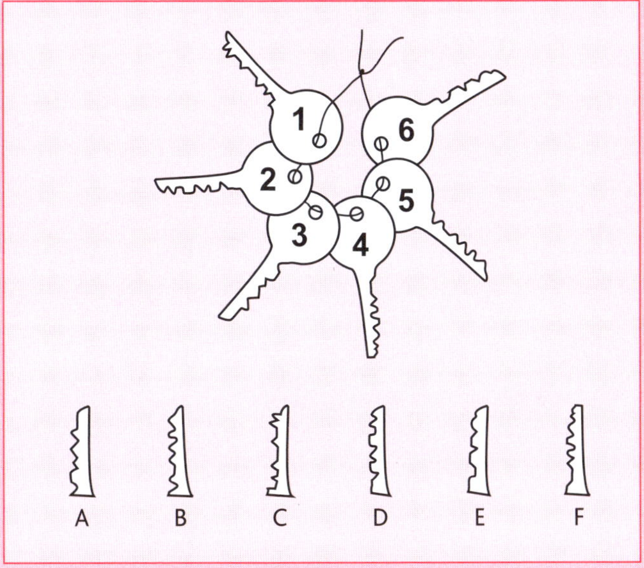

DENK-ANSTOSS

Beginnen Sie mit Schlüssel 6 oder 1 – da diese fast senkrecht auf dem Tisch liegen, lassen sie sich leichter mit den darunter abgebildeten Schlüssellöchern vergleichen.

3–4 MINUTEN

CHANCERS SCHATTEN

Der Marketing-Manager einer Rennbahn hat sich als Werbegag fürs nächste Pferderennen folgende Preisfrage ausgedacht: Welcher der fünf unten abgebildeten Schatten (A bis E) gehört zu Chancer, dem sich aufbäumenden Rennpferd mit dem buschigen Schweif? Der Gewinner braucht beim nächsten Rennen keinen Eintritt zu bezahlen.

DENK-ANSTOSS

Achten Sie nicht nur auf Chancers Schweif, sondern auch auf seine Beine.

WER FINDET DIE FEHLENDE FLIESE? II

Bei Schwierigkeitsgrad 2 des Intelligenzspiels (vgl. Rätsel 10) enthalten die Fliesen sämtliche Buchstaben des Alphabets. Wieder sollen Sie herausfinden, welche der vier unten abgebildeten Fliesen (A, B, C oder D) an die Stelle des Fragezeichens gehört.

M	Z	S
G	H	C
P	Z	V

I	V	O
J	K	F
N	X	T

E	R	K
M	N	I
L	V	R

?

A	N	G
O	Q	L
J	T	P

A

N	G	A
P	Q	L
J	S	P

B

A	N	G
P	Q	L
J	T	P

C

B	N	G
O	Q	L
J	T	P

D

DENK-ANSTOSS

Versuchen Sie, in der Reihenfolge der Buchstaben eine Gesetzmäßigkeit zu erkennen!

DER TANGRAM-TEST II

Wieder wird den Schülern eine Tangram-Aufgabe gestellt (vgl. Rätsel 12): Wie beim letzten Mal sollen sie aus den rechts abgebildeten sieben Tangram-Teilen die unten dargestellten Formen bilden. Dabei müssen sie alle Teile verwenden, ohne dass diese sich überschneiden.

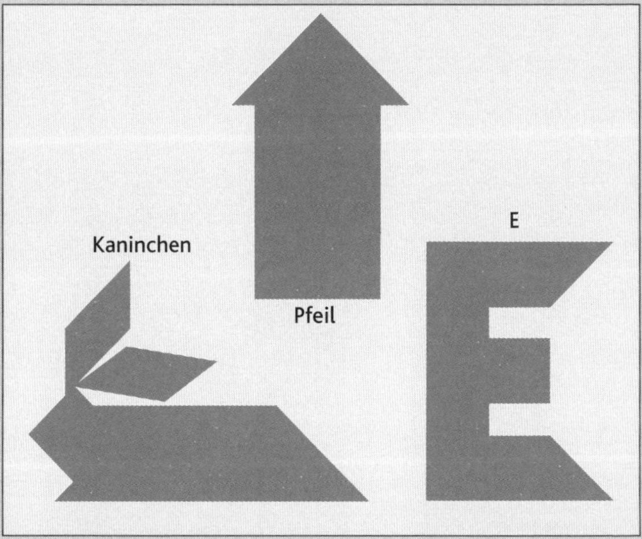

DENK-ANSTOSS

Es gibt nur ein einziges Tangram-Teil, aus dem man das rechte Ohr des Kaninchens bilden kann.

STEMPELSALAT II

Der Besitzer des Schreibwarenladens musste seine Mutter im Krankenhaus besuchen und bat seinen Neffen deshalb wieder einmal, im Schreibwarenladen auszuhelfen (vgl. Rätsel 2). Und wieder hat der Neffe die Stempel und deren Musterabdrücke hoffnungslos durcheinandergebracht. In ein paar Minuten will ein Kunde vorbeikommen, um sich einige neue Abdrücke anzusehen. Können Sie helfen, den Stempeln die richtigen Abdrücke zuzuordnen?

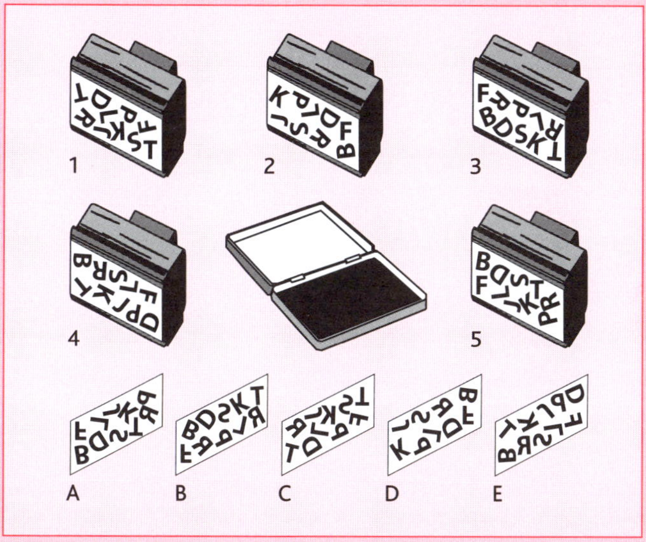

DENK-ANSTOSS

Sobald Sie einen Abdruck richtig zugeordnet haben, verbinden Sie ihn durch eine dünne Bleistiftlinie mit dem dazu passenden Stempel!

TEPPICHWÜRFEL I

Ein Möbeldesigner denkt sich für seinen Rätselfreund eine knifflige Frage aus. Er zeichnet das links unten abgebildete Teppichmuster auf Pappkarton auf und fragt: »Wenn ich dieses Muster zu einem Würfel falten würde, welcher der fünf Würfel (A bis E) würde daraus entstehen?« Können Sie dem Freund helfen?

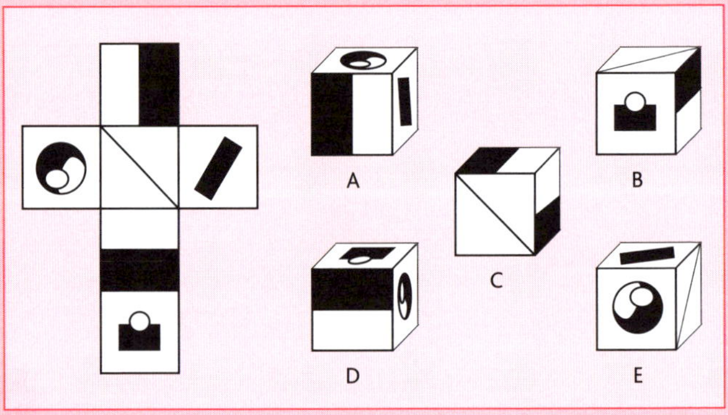

DENK-ANSTOSS

Überlegen Sie sich, welche Würfelseiten beim Falten des Musters aneinander angrenzen können und welche nicht. Auf diese Weise scheiden manche Würfel von vornherein aus.

DER KREISEL

Nachdem Lady Walsingham sich ihren Hut ausgesucht hat (vgl. Rätsel 11), geht sie mit ihrem Sohn in einen Spielzeugladen, um ihm einen Kreisel zu kaufen. Genau wie seine Mutter ist dieser sehr wählerisch und schaut sich jeden Kreisel genau an, ehe er sich entscheidet. Unten sehen Sie, wie die Kreisel in dem Geschäft vor und nach dem Besuch der beiden angeordnet waren. Welchen Kreisel hat der Junge gekauft?

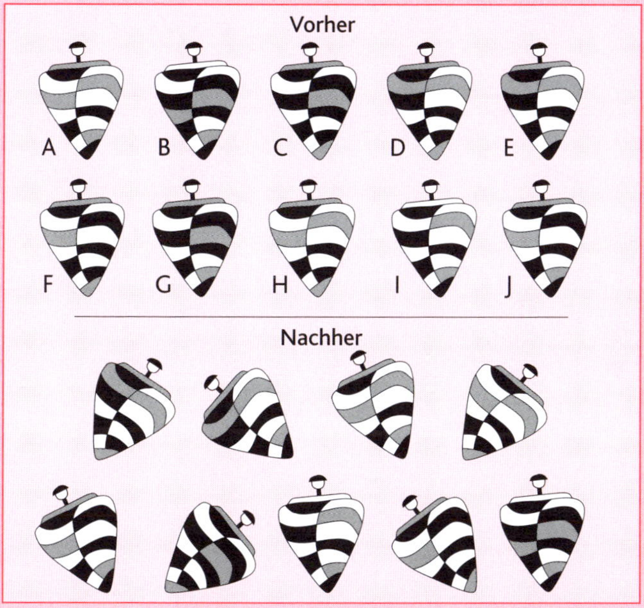

DENK-ANSTOSS

Gehen Sie systematisch vor. Haken Sie die Buchstaben der Kreisel in der »Vorher«-Anordnung ab, sobald Sie sie in der »Nachher«-Anordnung gefunden haben. Das erleichtert Ihnen das Zuordnen.

ANJAS JUWELEN II

Anjas Ausstellung in der Schmuckgalerie (vgl. Rätsel 15) ist sehr erfolgreich. Deshalb bittet der Kurator sie, noch zwei genau gleich aussehende Schmuckstücke für die Ausstellung herauszusuchen. Anja weiß, dass sie in ihrer zweiten Schublade noch eine solche Dublette hat. Können Sie ihr helfen, die einzige Form zu finden, die in der Schublade zweimal vorkommt?

DENK-ANSTOSS

Denken Sie daran: Elemente, die sich überschneiden, gelten in diesem Rätsel als zwei gesonderte Formen.

FRÖHLICHES LANDLEBEN III

Bei Schwierigkeitsgrad 3 des Videospiels (vgl. Rätsel 8 und 17) kommt der Spieler auf eine sonnige Wiese, auf der fünf große Schmetterlinge umherflattern. Jeder Schmetterling unterscheidet sich in einem Merkmal von allen anderen. Können Sie helfen, die Unterschiede zu finden?

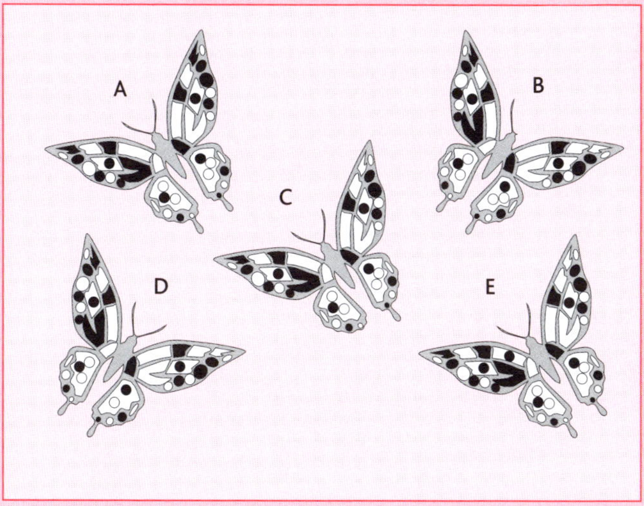

DENK-ANSTOSS

Bei Schmetterling B fehlt eindeutig etwas. Das ist ein guter Anfang!

JONGLIEREN MIT SECHSECKEN I

Können Sie die sieben Sechsecke so in das Gitter in der Mitte legen, dass die an den Rändern der Sechsecke aneinander angrenzenden Dreiecke jeweils die gleiche Zahl enthalten? Sie dürfen aber keines der Sechsecke drehen!

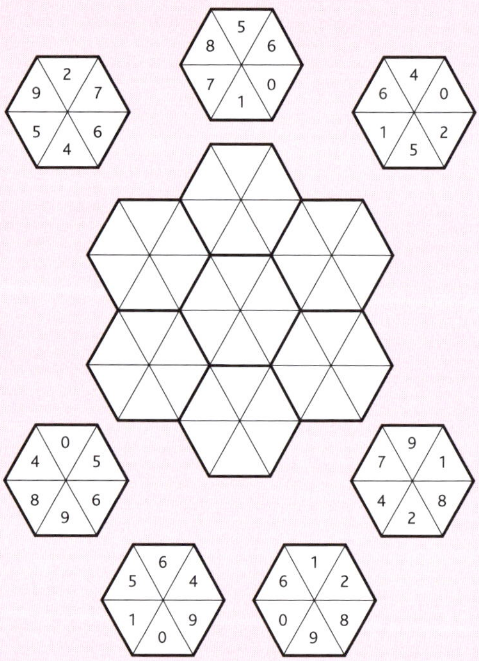

DENK-ANSTOSS

Legen Sie zunächst die Nullen in dem Sechseck rechts oben und rechts unten aneinander. Das ist ein guter Startpunkt.

FUTUREWORLD II

Bei Schwierigkeitsgrad 2 des Videospiels FUTUREWORLD (vgl. Rätsel 4) müssen Kristallblöcke in einer windgepeitschten Steppe so aufeinandergeschichtet werden, dass daraus ein Würfel entsteht. Können Sie helfen? Gehen Sie davon aus, dass alle Blöcke, die man aus diesem Blickwinkel nicht sieht, vorhanden sind. Wie viele Blöcke wurden aus dem Würfel entfernt, der ursprünglich fünf Blöcke hoch, tief und breit war?

DENK-ANSTOSS

Versuchen Sie, die fehlenden Blöcke auf der jeweiligen Ebene zu zählen. Beginnen Sie damit bei der untersten Ebene, wo nur ein Würfel fehlt.

3–4 MINUTEN

RECHNEN MIT HERZ I

Ein Zeichenlehrer hängt eine Fahne mit der Aufschrift RECHNEN MIT HERZ in seinem Klassenzimmer auf. Zu Beginn seines Kunstunterrichts müssen die Schüler immer erst ein paar »Symbol-Gleichungen« lösen. Dabei steht jedes Symbol für eine andere ganze Zahl, von denen keine kleiner als 1 ist. Welche Zahlenwerte müssen die Schüler den Symbolen zuordnen, um am Ende auf die richtigen Summen zu kommen?

$$\frac{\square}{3} + \star = 15$$

$$\star - \triangle = \frac{\square}{4}$$

$$\frac{\triangle}{4} + \star = \heartsuit$$

DENK-ANSTOSS

Errechnen Sie zuerst den Wert des Quadrats, der durch 3 und 4 teilbar sein muss, damit bei den beiden Brüchen ganze Zahlen herauskommen.

SCHOKOLADE IST GUT FÜRS GEHIRN

Am Ende einer Party legt die Gastgeberin die noch übrigen Schokoladenplätzchen auf einem Tablett aus und fordert ihre Freundin auf: »Bitte unterteile diese Anordnung mit nur drei geraden Linien so in fünf Abschnitte, dass jeder Abschnitt sechs verschiedene Plätzchen enthält!«

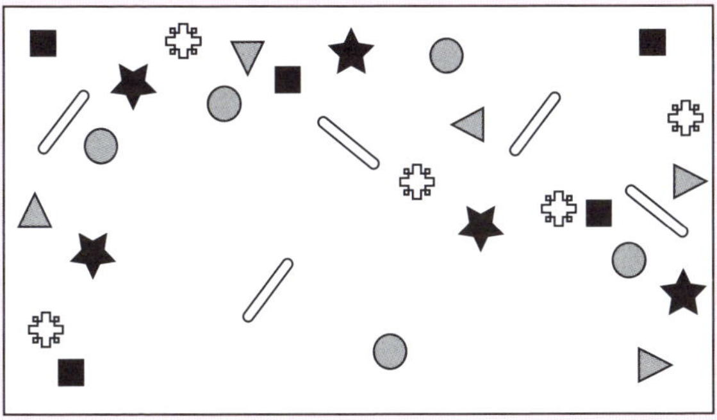

DENK-ANSTOSS

In der Ecke links oben ist es ziemlich einfach, ein Segment mit sechs verschiedenen Schokoladenplätzchen abzuteilen.

UHRENCODE I

Spionin Swetlana erhält von ihrem Chef folgende Anweisung: »Die Uhr am Marktplatz wird vier Tage lang jeden Tag so gestoppt, dass sie die falsche Zeit anzeigt. Knacke den Code, der sich hinter der Reihenfolge dieser Uhrzeiten verbirgt, und finde heraus, welche Zeit die Uhr am fünften Tag anzeigen muss. Melde dich auf die gewohnte Art bei uns, sobald du die richtige Uhrzeit weißt.«

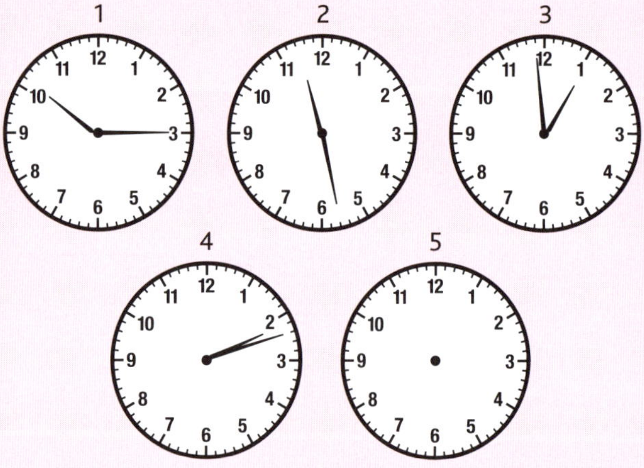

DENK-ANSTOSS

Zählen Sie die Minuten!

AUSSENSEITER II

Als Geburtstagsüberraschung haben sich die Schüler für ihren Lehrer ebenfalls ein »Außenseiter«-Rätsel (vgl. Rätsel 5) ausgedacht. Wie im vorigen Rätsel enthält jedes Feld in dem Gitter ein oder mehrere Symbole aus dem nummerierten Feld, das am linken Ende seiner Reihe liegt, und ein oder mehrere Symbole aus dem mit Buchstaben markierten Feld, das am oberen Ende seiner Spalte liegt. Ein Feld fällt jedoch aus diesem Muster heraus. Wo ist der Außenseiter?

		A	B	C	D	E	F	G
		🔔 💣	☼ 📖	♓ ☽	♋ ♐	🏱 ●	☯ ✈	☯ ⌛
1	⚐ ❄	⚐ 💣	⚐ 📖	☽ ❄	❄ ♐	● ❄	☯ ⚐	⌛ ❄ ⚐
2	🖰 ♌	♌ 🔔	📖 ☼ 🖰	♌ ☽ 🖰	🖰 ♋	🖰 🏱 ♌	🖰 ✈	🖰 ☯
3	✋ 🏵	✋ 💣	📖 ☼ ✋	🏵 ☽ ♓	✋ ♋	● 🏱 🏵	✈ 🏵 ☯	✋ ☯
4	🖰 💾	🖰 💣	☼ 🖰	🏵 ☽ 💾	♋ ♐ 💾	🏱 💾	💾 ✈ 🖰	⌛ 🖰 💾
5	⏏ 💧	💣 ⏏ 🔔	📖 💧 ☼	⏏ ♓	💧 ♐ ⏏	● 🏱 ⏏	☯ 💧	⏏ ☯

DENK-ANSTOSS

Streichen Sie die Symbole dünn mit Bleistift aus, sobald Sie sie gefunden haben.

FRÜH ÜBT SICH, WER EIN SCHNEIDER WERDEN WILL II

In der Abschlussprüfung präsentiert die Schneiderin ihren Lehrlingen (vgl. Rätsel 13) folgendes Puzzle: »Die Teile von A bis J können so zusammengesetzt werden, dass sie das links unten abgebildete Kamel ergeben. Dabei bleibt am Ende nur ein einziges Puzzleteil übrig. Welches?« Die Teile dürfen zwar gedreht, aber nicht auf den Kopf gestellt werden.

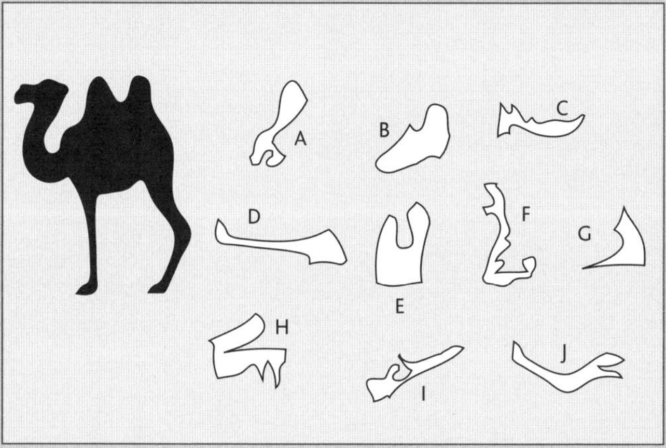

DENK-ANSTOSS

Zwei der Puzzleteile bilden die auffallenden Beine des Tiers.

DAS BUCHSTABENGITTER I

Andreas hat seiner Kollegin das unten abgebildete Buchstabengitterrätsel auf den Schreibtisch gelegt. Sie soll die Buchstaben A, B, C, D, E und F so ins Gitter einsetzen, dass jede Reihe, jede Spalte und jede dick umrandete Form jeweils alle sechs Buchstaben enthält. Als kleine Hilfestellung hat Andreas schon ein paar Buchstaben eingezeichnet.

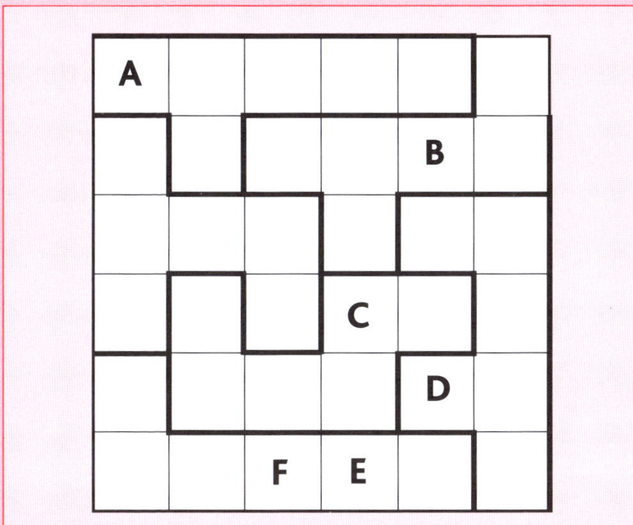

DENK-ANSTOSS

Aus den vorhandenen Informationen kann man leicht ableiten, dass in das Feld links unten ein D gehört.

SCHWERE Rätsel für VISUELLES DENKEN

Um die Rätsel im dritten Teil zu lösen, müssen Sie Ihre grauen Zellen schon ein bisschen mehr anstrengen, denn er enthält die schwierigsten Aufgaben. Diese Rätsel entwickeln Ihr Visualisierungsvermögen noch weiter. Außerdem üben Sie dabei, schnell zu denken und trotzdem auf jedes Detail zu achten. Vorher empfehlen wir Ihnen eine kleine visuelle Aufwärmübung: Bewegen Sie die Augen rasch von links nach rechts, so weit es geht. Dann heben Sie einen Zeigefinger und richten den Blick abwechselnd auf Ihre Fingerspitze und das am weitesten entfernte Objekt, das Sie in Ihrer Umgebung erkennen können.

5–6 MINUTEN

SCHIFFE VERSENKEN II

Der alte Seebär Captain Buckingham (vgl. Rätsel 9) hat schon wieder ein Schiffe-versenken-Rätsel für seinen Nachbarn entwickelt. Wie im Rätsel zuvor zeigen die Zahlen an den Rändern des Spielfelds an, wie viele einzelne oder nebeneinanderliegende Felder in den Reihen und Spalten von Schiffen oder Bojen besetzt sind. Das Spielfeld soll so ausgefüllt werden, dass es den Zahlenangaben entsprechend drei Kreuzer (4 Quadrate), drei Barkassen (2 Quadrate) und drei Bojen (1 Quadrat) enthält. Können Sie bei der Lösung helfen?

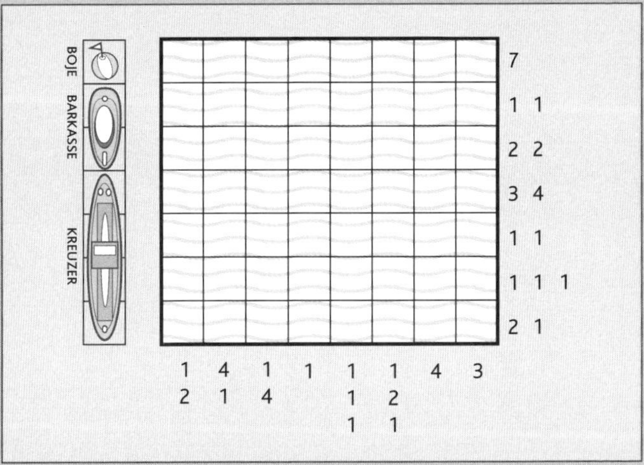

DENK-ANSTOSS

»Die zweite Reihe enthält keine Bojen«, sagt der Captain. »Das ist ein wichtiger Anhaltspunkt für die Anordnung der übrigen Schiffe!«

ZEIT-
BONUS

RÄTSEL 36 INTENSIVTRAINING

L-GITTER II

Rätselfan Ed hat eine zweite Variante seines »L-Gitters« (vgl. Rätsel 16) ausgeknobelt. »Schau dir die vier L-Formen rechts und links neben dem Gitter an«, sagt er. »Ich habe insgesamt zwölf dieser Formen (drei von jeder Art) in das Gitter eingesetzt. Wo sind diese zwölf L-Formen? Jedes L hat irgendwo ein Loch. Man kann die Formen auch drehen oder auf den Kopf stellen, ehe man sie ins Gitter einsetzt, aber es dürfen sich niemals zwei gleiche L-Formen berühren, auch nicht über Eck. Die zwölf Teile passen so genau ineinander, dass es keine Lücken dazwischen gibt, sondern nur die Löcher zu sehen sind.«

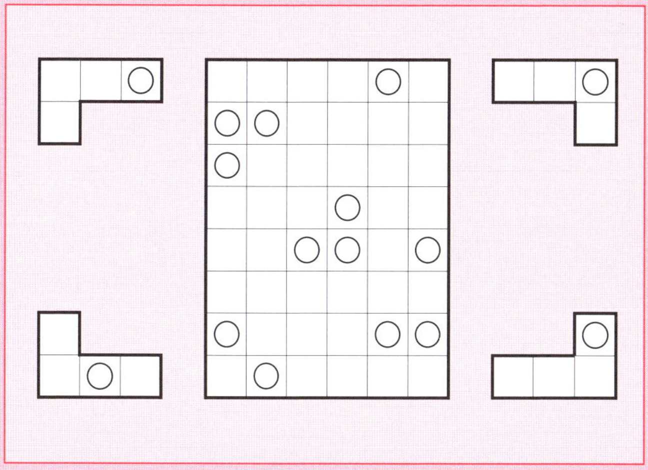

DENKANSTOSS

Wieder sind die drei aneinander angrenzenden Löcher (links oben oder in der Mitte) ein guter Ausgangspunkt.

SÖREN SÖRENSENS SKELETT

Karin hat sich eine werbewirksame Idee für das Schlossmuseum überlegt, in dem sie arbeitet. Auf der Internetseite des Museums ist eines seiner berühmtesten Exponate abgebildet – das Skelett des dänischen Seefahrers Sören Sörensen und vier verschiedene Schatten dazu. Wer das Preisausschreiben gewinnen will, muss herausfinden, welcher Schatten zu Sörens Skelett gehört.

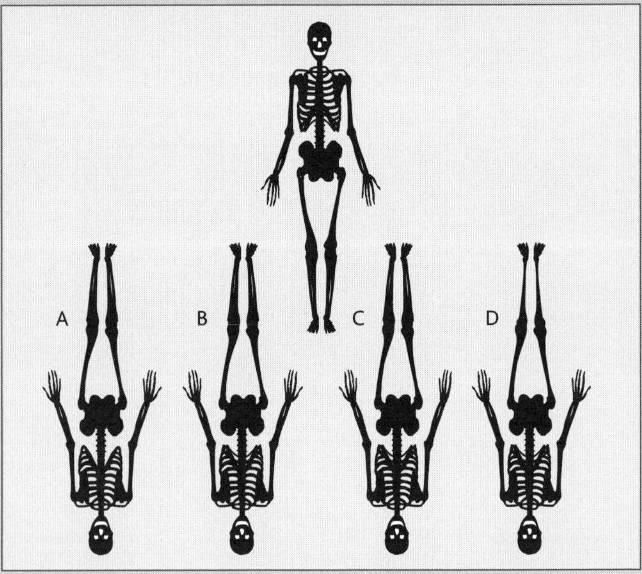

DENK-ANSTOSS

Beginnen Sie bei den Händen.

FUTUREWORLD III

Bei Schwierigkeitsgrad 3 des Videospiels FUTUREWORLD (vgl. Rätsel 4 und 28) muss der Spieler auf einem Gipfel nach einem meditierenden Guru suchen. Wie viele kleine Weihrauchwürfel braucht er, um einen aus sechs Ebenen bestehenden großen Würfel zu bauen? Gehen Sie wiederum davon aus, dass alle Blöcke, die man aus dieser Perspektive nicht sieht, vorhanden sind. Wie viele Blöcke wurden aus dem Würfel entfernt, der ursprünglich sechs Blöcke hoch, tief und breit war?

DENK-ANSTOSS

Errechnen Sie dieses Mal die Gesamtzahl der Blöcke in einer 6x6-Ebene und ziehen Sie dann auf jeder Ebene die fehlenden Blöcke von dieser Zahl ab.

5–6 MINUTEN

RÄTSEL 39 INTENSIVTRAINING

AUSWEGLOSE SITUATION?

Aus diesem Irrgarten scheint es keinen Ausweg zu geben. Doch wenn es Ihnen gelingt, einen Weg von einem grauen Punkt zum zweiten zu finden, öffnet sich eine geheime Falltür unter dem zweiten Punkt.

DENK-ANSTOSS

Beginnen Sie beim oberen grauen Punkt. Gehen Sie zuerst nach oben und dann nach links.

SUDOKU-KUCHEN II

Der Sudoku-Kuchen (vgl. Rätsel 1) mit mathematischen und geometrischen Symbolen hat bei den Kunden großen Anklang gefunden. Deshalb wird nun ein neues Kuchen-Design für die Bäckerei entwickelt. Allerdings werden dieses Mal absichtlich ein paar Symbole weggelassen. Können Sie helfen, das Gitter so auszufüllen, dass jede Reihe, jede Spalte und jedes kleine Quadrat (3x3) neun verschiedene Schokoladen-Symbole enthält?

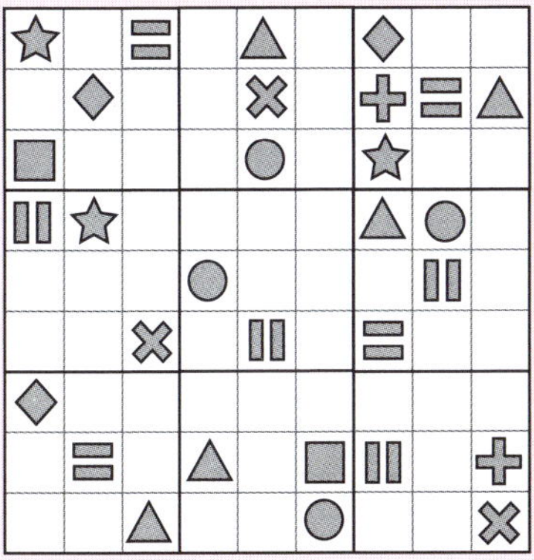

DENK-ANSTOSS

Die linke obere Ecke der kleinen Quadrate enthält jedes Mal ein anderes Symbol.

EINE FRAU MIT VIELEN GESICHTERN

Ein Casting-Agent schickt seinen Freunden und Kollegen eine Weihnachtskarte mit dem Gesicht seines Stars Dolores December in verschiedenen Versionen. Die Empfänger der Karte sollen das Muster der Matrix entschlüsseln und herausfinden, welches der rechts unten abgebildeten Gesichter von Dolores (A bis D) in die Lücke mit dem Fragezeichen passt.

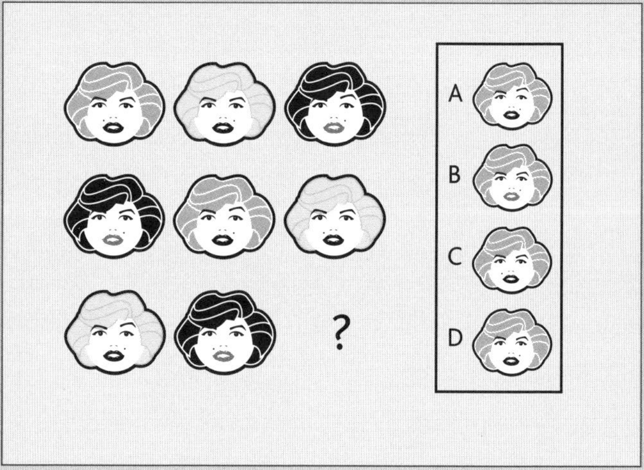

DENK-ANSTOSS

Dolores December ist berühmt für ihre markanten Augenbrauen.

UHRENCODE II

Der Spion benutzt seinen Uhrencode (vgl. Rätsel 31) noch ein zweites Mal, obwohl das sehr riskant ist. »Die Uhr am Marktplatz wird wieder vier Tage lang jeden Tag so gestoppt, dass sie die falsche Zeit anzeigt«, erklärt er seiner Kollegin. »Knacke den Code, der hinter der Reihenfolge der Uhrzeiten steckt, und finde heraus, welche Zeit die Uhr am fünften Tag anzeigen muss.« Können Sie der Spionin helfen?

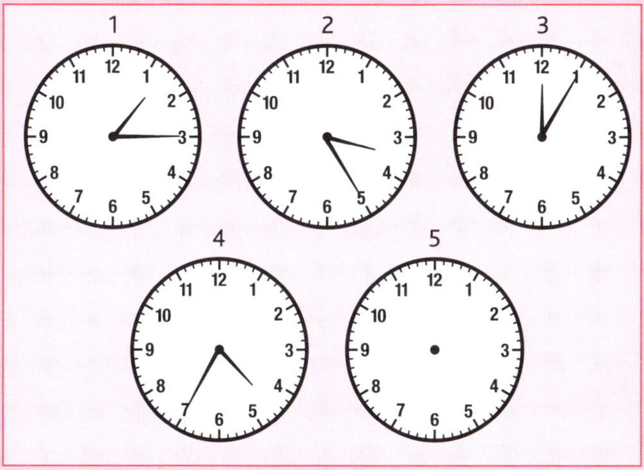

DENK-ANSTOSS

Beim Vergleich der verschiedenen Uhrzeiten hat die Spionin das Gefühl, in der Zeit vor- und zurückzuwandern.

RECHNEN MIT HERZ II

Dieses Mal hat der Zeichenlehrer (vgl. Rätsel 29) die Symbol-Gleichungen, die er seine Schüler lösen ließ, zum Thema eines Kunstwerks gemacht. Sein Ölgemälde ist gleichzeitig ein kniffliges Rätsel. Können Sie es lösen? Wieder steht jedes Symbol für eine andere ganze Zahl, von denen keine kleiner als 1 ist. Welche Zahlenwerte muss man den Symbolen zuordnen, um am Ende auf die richtigen Summen zu kommen?

$$\frac{\star}{5} + \frac{\triangle}{3} = 12$$

$$\square - \star = \frac{\triangle}{9}$$

$$\frac{\square}{36} = \frac{\heartsuit}{2}$$

DENK-ANSTOSS

Der Stern muss ein Vielfaches von 5 sein, damit beim linken Bruch in der ersten Zeile eine ganze Zahl herauskommt.

DAS PORTEMONNAIE

Wie ihre Mutter und ihr Bruder (vgl. Rätsel 11 und 24) ist auch die Tochter von Lady Walsingham schwer zufriedenzustellen. Als ihr Vater ihr etwas Geld schenkt, damit sie sich ein Portemonnaie kaufen kann, stöbert sie im Kaufhaus in der Lederabteilung herum und bringt alles durcheinander. Unten sehen Sie, wie die Portemonnaies vor und nach ihrem Besuch aufgereiht waren. Welches Portemonnaie hat sie gekauft?

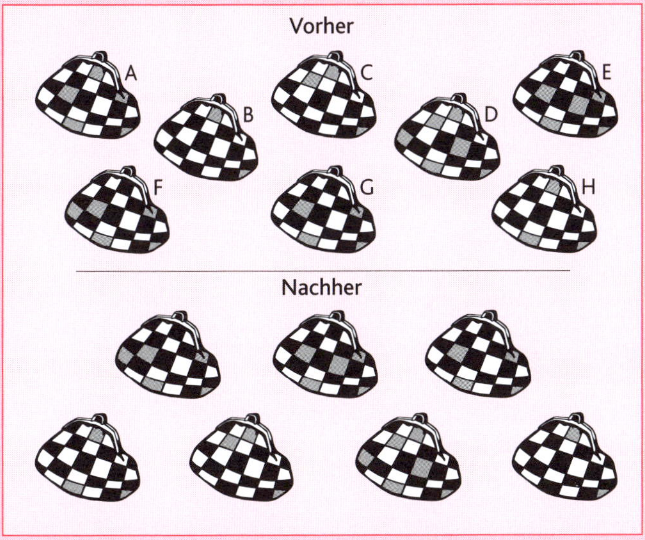

DENK-ANSTOSS Sie können die Seite auch fotokopieren und das Rätsel im Wettbewerb mit Freunden oder mit Ihrer Familie lösen.

FRÜH ÜBT SICH, WER EIN SCHNEIDER WERDEN WILL III

Dies ist die schwierigste Aufgabe, die die Schneiderin ihren Lehrlingen (vgl. Rätsel 13 und 33) stellt. Bei diesem Rätsel sollen sie herausfinden, aus welchen sechs Formen (je drei schwarzen und drei weißen) sich der Stern zusammensetzen lässt. Denken Sie daran: Die Formen dürfen zwar gedreht, aber nicht auf den Kopf gestellt werden!

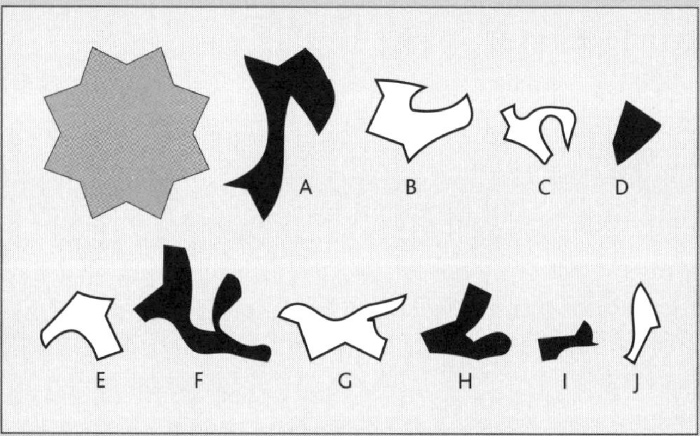

DENK-ANSTOSS

Der Umriss des Sterns ist kantig. Daher gibt es nur begrenzte Kombinationsmöglichkeiten für die einzelnen Teile.

ZEIT-BONUS

GLEICHHEIT UND GENÜGSAMKEIT

Für seine Kampagne »Gleichheit und Genügsamkeit«, in der er für ein einfaches, kooperatives Zusammenleben der Menschen wirbt, entwickelt Will ein stilisiertes Design aus quadratischen Feldern. Als Promotionkampagne denkt er sich ein Rätsel aus: Die Zahlen an den Rändern des Gitters stehen jeweils für nebeneinanderliegende schwarze Felder. Zwischen zwei schwarzen Feldern bzw. Felderblöcken muss mindestens ein weißes Feld liegen. Die Zahlenangabe 3, 2 am Rand einer Reihe oder Spalte könnte also bedeuten: Zuerst kommen kein, ein oder mehrere weiße Felder, dann drei schwarze Felder, dann mindestens ein weißes Feld, dann zwei schwarze Felder und zum Schluss wieder kein, ein oder mehrere weiße Felder.

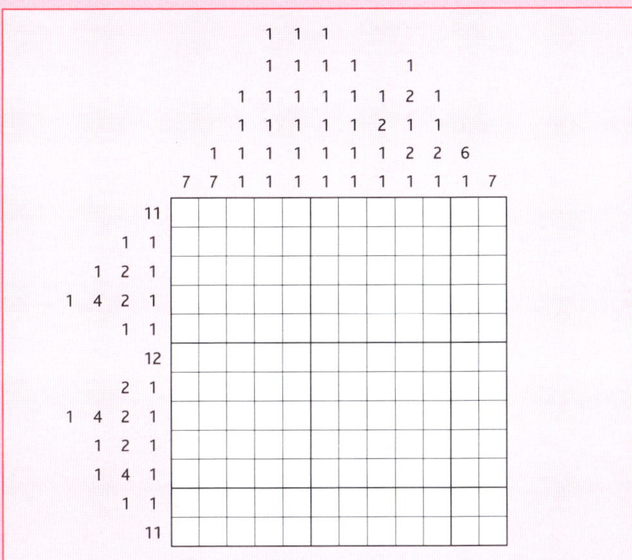

DENK-ANSTOSS

Das Design enthält die stilisierte Version eines Minuszeichens (»Genügsamkeit«) und eines Ist-gleich-Zeichens (»Gleichheit«).

DAS BUCHSTABENGITTER II

Nun hat sich auch Andreas Kollegin ein Buchstabengitter-Rätsel (vgl. Rätsel 34) ausgedacht. Wieder besteht die Aufgabe darin, die Buchstaben A, B, C, D, E und F so in das Gitter einzusetzen, dass jede Reihe, jede Spalte und jede dick umrandete Form alle sechs Buchstaben enthält. Sie hat schon einige Buchstaben eingezeichnet, um Andreas eine kleine Starthilfe zu geben.

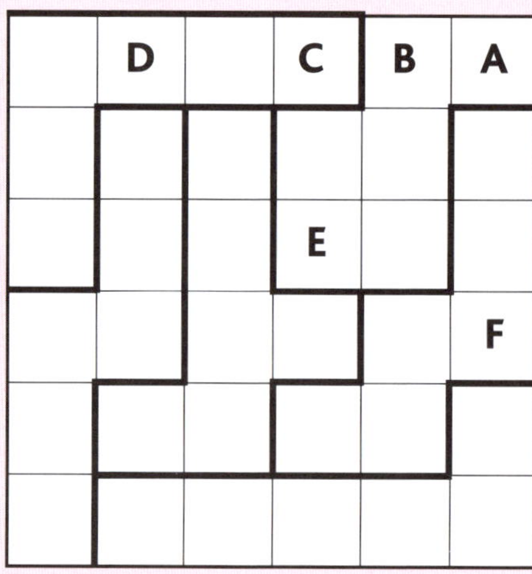

DENK-ANSTOSS

In jeder Ecke des Quadrats steht ein anderer Buchstabe.

DER TANGRAM-TEST III

Den Schülern wird ein drittes Tangram-Rätsel gestellt (vgl. Rätsel 12 und 21): Wieder sollen sie aus den rechts abgebildeten Teilen die unten dargestellten Formen bilden. Dazu müssen alle Tangram-Teile verwendet werden und dürfen sich nicht überschneiden.

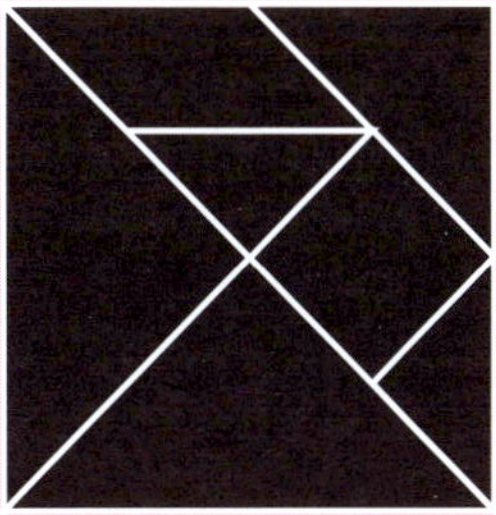

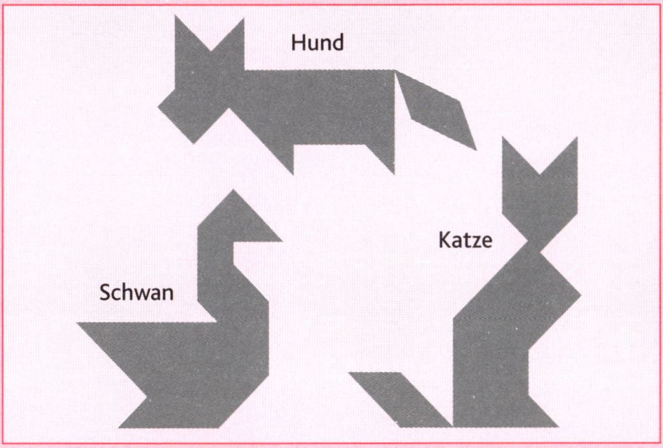

DENK-ANSTOSS

Die Schnauze des Hundes ist ziemlich quadratisch.

JONGLIEREN MIT SECHSECKEN II

Wie beim letzten Sechseck-Rätsel (vgl. Rätsel 27) sollen die sieben Sechsecke so in das Gitter in der Mitte gelegt werden, dass die an den Rändern der Sechsecke aneinander angrenzenden Dreiecke jeweils die gleiche Zahl enthalten. Die Sechsecke dürfen nicht gedreht werden.

DENK-ANSTOSS

Im Sechseck, das links unten hineinpasst, beträgt die Zahl im linken oberen Dreieck das Doppelte der direkt darunterliegenden Zahl.

TEPPICHWÜRFEL II

Der Möbeldesigner (vgl. Rätsel 23) hat wieder ein Teppichmuster entworfen. Er zeichnet es auf Pappkarton auf und schenkt es seiner Freundin zum Valentinstag: »Wenn ich das Muster zu einem Würfel falten würde, könnte nur einer der unten abgebildeten Würfel (A bis E) daraus entstehen. Welcher?«, fragt er und verspricht, einen Teppichwürfel mit diesem Design für sie zu entwerfen, wenn sie die richtige Antwort weiß. Können Sie ihr helfen?

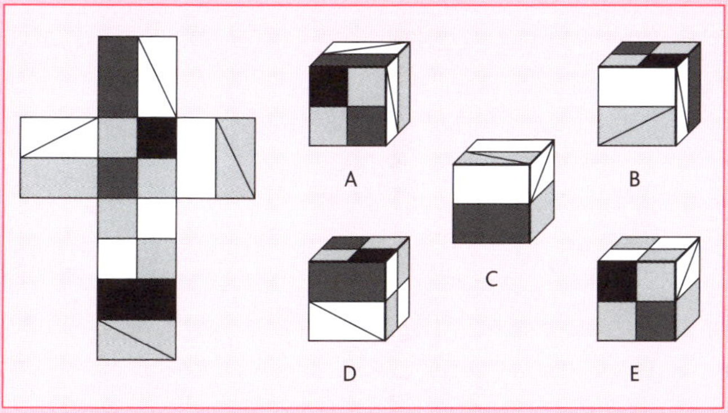

DENK-ANSTOSS

Vielleicht hilft es Ihnen, das Buch in den Händen zu drehen, während Sie versuchen, sich die Würfel räumlich vorzustellen.

DIE HERAUS-FORDERUNG

Im letzten Teil dieses Buches können Sie die visuellen Denkfähigkeiten, die Sie inzwischen entwickelt haben, in die Praxis umsetzen. Sie werden eine Situation zu meistern haben, wie sie beinahe auch im täglichen Leben vorkommen könnte. Dazu müssen Sie sich überzeugende visuelle Präsentationen ausdenken, obwohl Ihnen nur begrenzte Mittel dafür zur Verfügung stehen. Denken Sie daran, wie wichtig es ist, die für das visuelle Denken zuständigen Gehirnbereiche zu stimulieren, indem Sie Skizzen oder Diagramme zu den Ihnen vorliegenden Informationen anfertigen. Achten Sie nicht nur darauf, was Sie sehen, sondern auch darauf, was Sie suchen. Manchmal konzentrieren wir uns so sehr auf eine Tatsache im Vordergrund des Geschehens, dass wir das, was im Hintergrund liegt, völlig vergessen!

HABEN SIE EINE VISION?

Haben Sie schon einmal von den Parkinson'schen Gesetzen gehört? Nach diesen im Jahr 1955 von dem britischen Schriftsteller C. Northcote Parkinson aufgestellten Regeln dehnt Arbeit sich genau in dem Maß aus, wie Zeit für ihre Erledigung zur Verfügung steht. Andererseits schwingen wir uns unter Termindruck oft zu Höchstleistungen auf. Manchmal ist es schwieriger, eine Entscheidung zu treffen, wenn uns eine Menge Möglichkeiten und Ressourcen zur Verfügung stehen. In der nun folgenden Denkaufgabe müssen Sie in drei Situationen innerhalb von drei Stunden spontan visuelle Präsentationen fertigstellen, obwohl Ihnen kaum Mittel dafür zur Verfügung stehen.

Dieses Szenario ist eine Herausforderung für Ihr visuelles Denkvermögen. Außerdem sind auch logisches Denken und Querdenken bei dieser Aufgabe gefragt. Lesen Sie sich den Text mehrmals durch und machen Sie sich dabei in der Randspalte Notizen. Überlegen Sie, wie Sie visuelle Präsentationen entwickeln können, die Ihr Publikum auf einfache Weise direkt ansprechen. Aber verlieren Sie sich dabei nicht in Details, sondern behalten Sie auch die größeren Zusammenhänge im Auge!

Natürlich gibt es bei dieser Aufgabe keine richtigen oder falschen Antworten. Sie müssen sich einfach nur kreative, visuell ansprechende Präsentationen einfallen lassen. Denken Sie dabei über alle Lösungen nach, die Ihnen in den Sinn kommen. Manche werden Ihnen unwahrscheinlich oder gar unmöglich vorkommen, andere fast schon zu naheliegend: Vielleicht können Sie diesen scheinbar banalen Ideen eine neue, kreative Richtung geben?

Die Zeiten sind schlecht. Vor zwei Jahren haben Sie sich als Berater selbstständig gemacht, um Ihren Kunden kreative Ideen für Unternehmen, neue Projekte usw. zu liefern. Am Anfang lief das Geschäft noch hervorragend und Sie konnten sich einen guten Kundenstamm aufbauen; doch inzwischen hat sich die Wirtschaftslage verschlechtert, und viele Ihrer Kunden haben Insolvenz angemeldet. Sie hatten schon seit drei Monaten keine Aufträge mehr und der Vermieter Ihres Büros droht mit einer Räumungsklage.

Trotzdem geben Sie nicht auf und sind jeden Morgen pünktlich in Ihrem Büro. Aber heute haben Sie bereits um neun Uhr aus heiterem Himmel drei Aufträge erhalten, die alle sehr dringend sind.

Zuerst meldet sich Ihr Klient Alex, Eigentümer der Krawattenfabrik WINDSORKNOTEN. Er hat das Angebot erhalten, ein leer stehendes Geschäft zwei Tage lang zu nutzen, und braucht Hilfe bei der Gestaltung des Schaufensters, weil er den Laden um halb elf Uhr öffnen will. Bis jetzt hat er nichts weiter als ein leeres Geschäft, einen Tisch, ein paar Stühle, sein Krawattensortiment und zwölf Schaufensterpuppen – neun männliche und drei weibliche. Sie haben noch eine Stunde Zeit, um

NOTIZEN

NOTIZEN

sich für diesen Kunden etwas einfallen zu lassen.

Das zweite Angebot stammt ebenfalls von Alex. Wenn Sie ihm mit dem Laden helfen, verspricht er, Sie auch eine Präsentation seines Geschäftsplans gestalten zu lassen, den er potenziellen Investoren vorführen will. »Ich möchte den Investoren klarmachen, warum ich in die Produktion von Schul- und Clubkrawatten investieren will, obwohl der Markt dafür vor dem Zusammenbruch steht. Dafür brauche ich schlagkräftige visuelle Ideen.« »Bis wann?«, fragen Sie. »Die Präsentation ist um halb zwölf«, antwortet er mit einem verlegenen Grinsen. Sie brauchen dringend Arbeit. Also nehmen Sie beide Aufträge an.

Kaum haben Sie den Hörer aufgelegt, klingelt das Telefon schon wieder. Am Apparat ist ein alter Freund: der Schriftsteller, Filmregisseur und Schauspieler Julius. Ihm hat sich in letzter Minute die Chance geboten, zwei finanzkräftigen Produzenten seine Idee für einen Horrorfilm vorzustellen. »Die Sache hat nur einen Haken«, sagt er. »Sie wollen keine verbale Präsentation. Es soll alles rein visuell sein.«

Sie versprechen, ihm zu helfen, und er erläutert Ihnen seine Idee: »Kennst du die Geschichte von

Sweeney Todd, dem Barbier, der seine Feinde und Kunden umbrachte und zu Pasteten verarbeiten ließ? Meine Story ist so ähnlich: Sie handelt von einem verrückten Pizzalieferanten, der seine Kunden ermordet und in den Belägen seiner Pizzas verwurstet.« »Wann findet die Präsentation statt?«, fragen Sie, denn Sie befürchten inzwischen schon das Schlimmste. »Um halb eins«, sagt Julius. »Wir haben also noch jede Menge Zeit ...«

Auch diesen Auftrag nehmen Sie an. Das Hauptproblem aber ist, dass Julius überhaupt keine Materialien für seine Präsentation zur Verfügung hat. Also schauen Sie sich in Ihrem Büro um, um sich inspirieren zu lassen. Doch da gibt es nur eine alte Pizzaschachtel, ein Messer, den Spielzeugkasten Ihres Sohnes und etwas Knetmasse.

Können Sie Ihren Kunden aus der Misere helfen? Wie richten Sie Alex' Krawattenladen ein? Fällt Ihnen eine überzeugende visuelle Präsentation für seinen Geschäftsplan ein? Haben Sie genug Fantasie, um den Produzenten den Horrorfilm Ihres Freundes Julius zu verkaufen – und zwar ganz ohne Worte? Was tun Sie – oder besser gesagt: Was denken Sie?

NOTIZEN

DIE LÖSUNGEN

Versuchen Sie die Lösungen der Rätsel als Inspirationsquelle zu nutzen. Es kann immer wieder vorkommen, dass man bei einem Rätsel nicht weiterweiß. Wenn Ihnen beim besten Willen nichts einfällt, dürfen Sie natürlich jederzeit im Lösungsteil nachschlagen. Anschließend versuchen Sie einfach, die Denkschritte nachzuvollziehen, die zu der Lösung geführt haben, damit Sie diese Strategie auch bei künftigen Rätseln und in Ihrem täglichen Leben anwenden können. Wie bei allen Rätseln kann es manchmal auch vorkommen, dass Sie auf eine andere Lösung kommen als die hier vorgeschlagene. Das ist ein Zeichen dafür, dass Sie Ihre visuelle Intelligenz bereits gut einsetzen!

RÄTSEL 1 SUDOKU-KUCHEN I

Das vervollständigte Design des Sudoku-Kuchens ist rechts abgebildet. Sudokus fördern das logische Denken und Visualisierungsvermögen – egal, ob man sie auf dem Papier oder in Form eines Kuchens löst.

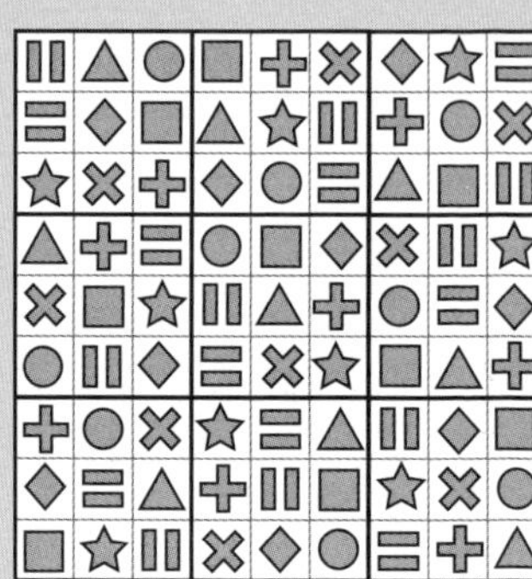

RÄTSEL 2 STEMPELSALAT I

Die Stempel und Abdrücke gehören folgendermaßen zusammen: 1 = E, 2 = B, 3 = D, 4 = A und 5 = C. Der Besitzer des Schreibwarenladens arbeitet ständig mit Bildern und Abdrücken und besitzt daher eine sehr ausgeprägte visuelle Intelligenz. Dank dieser Fähigkeit bringt er das Durcheinander, das sein ungeschickter Neffe angerichtet hat, blitzschnell wieder in Ordnung.

RÄTSEL 3 WO IST DER RICHTIGE SCHLÜSSEL? I

Die Schlüssel und Schlüssellöcher passen folgendermaßen zusammen: 1 = F, 2 = A, 3 = C, 4 = B, 5 = E und 6 = D. Wir alle besitzen angeborene visuelle Fähigkeiten, doch um unsere Begabung, Formen und Muster zu erkennen, weiterzuentwickeln, brauchen wir Übung.

RÄTSEL 4 FUTUREWORLD I

Bei dem Würfel fehlen insgesamt 35 Blöcke. Diese sind in vier Ebenen rechts abgebildet. Aufgaben wie diese fördern das Visualisierungsvermögen, das man für viele Denkprozesse braucht.

RÄTSEL 5 AUSSENSEITER I

Der »Außenseiter« ist Feld F3, das ein Plus- und ein Fragezeichen enthält. Es beinhaltet weder ein Herz noch eine Null (die beiden Symbole für Zeile 3). Um den Code zu entschlüsseln und diesen Außenseiter zu entdecken, benötigen Sie einen guten Blick fürs Detail.

RÄTSEL 6 VOR UND ZURÜCK Die unten stehende Abbildung zeigt den richtigen Hinweg (links unten) und den passenden Rückweg (rechts unten). Irrgartenrätsel und Tangrams erfreuen sich schon seit Jahrtausenden großer Beliebtheit, denn man kannte sie bereits zur Zeit der ägyptischen Pharaonen und der chinesischen Kaiserdynastien. Solche Denkaufgaben löst das Gehirn, indem es verschiedene Teile und Perspektiven zusammenfügt, bis sich daraus ein Muster ergibt.

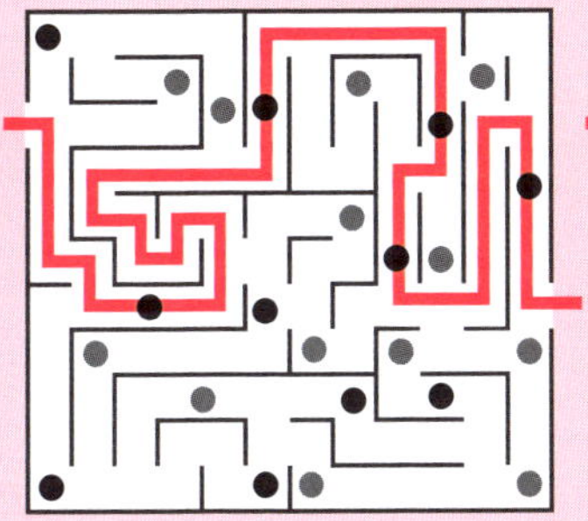

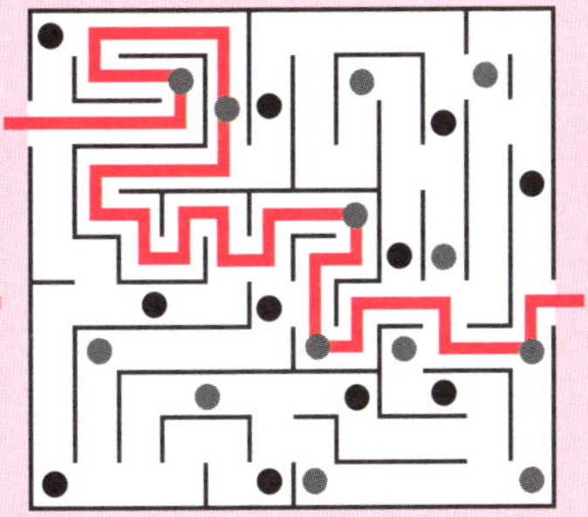

RÄTSEL 7 DIE TEEKANNEN

Kanne D und E sehen genau gleich aus. Bei Rätseln, bei denen man zwei gleiche Elemente finden muss, übt man sich darin, genau hinzusehen und Muster zu erkennen.

RÄTSEL 8 FRÖHLICHES LANDLEBEN I

Bei Vogelscheuche A hat die Krähe nur einen Flügel; bei Vogelscheuche B fehlt etwas Stroh am linken Fuß; bei Vogelscheuche C ist der Flicken auf der Hose schwarz; Vogelscheuche D trägt ein schwarzes Halstuch; und bei Vogelscheuche E fehlt die Nase. Genau wie bei Rätsel 7 ist auch hier Ihr Blick fürs Detail gefordert!

RÄTSEL 9 SCHIFFE VERSENKEN I

Captain Buckinghams Nachbar zeichnet die Bojen und Schiffe ein wie rechts abgebildet. Solche Aufgaben fördern die Fähigkeit, auch unter Zeitdruck logisch zu denken.

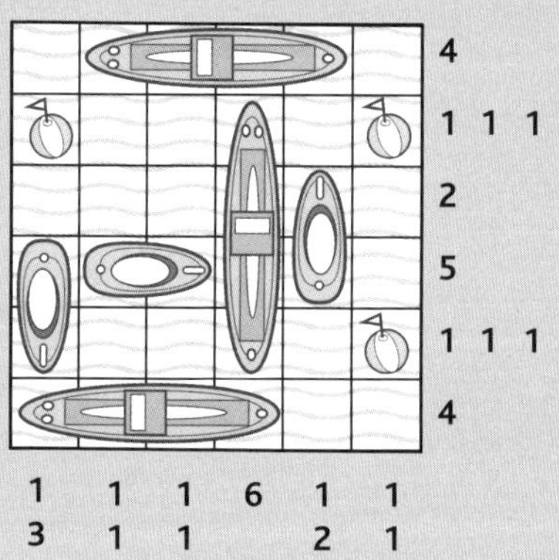

RÄTSEL 10 WER FINDET DIE FEHLENDE FLIESE? I

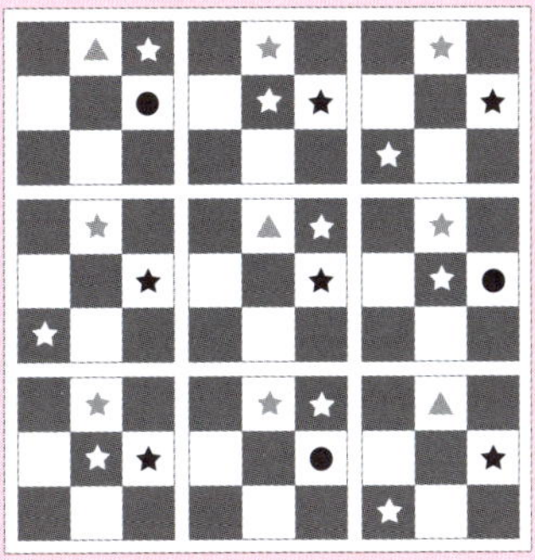

Die richtige Antwort lautet A. Jede Reihe und jede Spalte der Matrix enthält zwei schwarze Sterne und einen schwarzen Kreis. Außerdem beinhaltet jede Reihe und jede Spalte zwei graue Sterne und ein graues Dreieck. Und schließlich enthält jede Reihe und jede Spalte ein 3x3-Quadrat mit einem weißen Stern in der Mitte, ein 3x3-Quadrat mit einem weißen Stern im rechten oberen Feld und ein 3x3-Quadrat mit einem weißen Stern im linken unteren Feld.

RÄTSEL 11 LADY HARRIETS HUT

Lady Harriet Walsingham hat Hut F gekauft. Auch dieses Rätsel stellt Ihren Blick fürs Detail und Ihre Fähigkeit, Muster zu erkennen, auf eine harte Probe.

RÄTSEL 12 DER TANGRAM-TEST I

Die Formen können so gebildet werden wie rechts dargestellt. Dies ist eine Variante eines alten chinesischen Tangram-Puzzles, bei dem die Spieler aus sieben zweidimensionalen Puzzleteilen Formen bilden müssen. Durch solche Rätsel werden mehrere Hirnregionen gleichzeitig stimuliert.

Sechseck

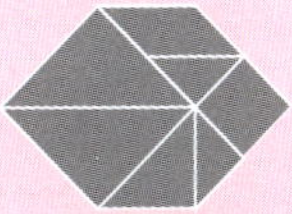

Schuppen

Dreieck

RÄTSEL 13 FRÜH ÜBT SICH, WER EIN SCHNEIDER WERDEN WILL I

Die Teile A, E, G und J passen zusammen wie rechts abgebildet. Dieses Rätsel ist für die Schneiderlehrlinge eine gute Übung darin, Formen zu einem Muster zusammenzufügen. Solche Aufgaben fördern das visuelle Denkvermögen.

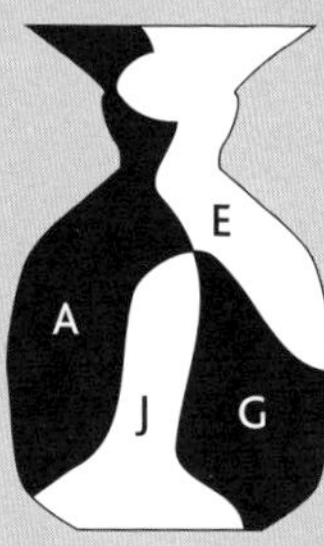

RÄTSEL 14 ANTIKE SCHRIFTTAFELN

Die Antwort lautet B (siehe Abbildung rechts). Jedes große Quadrat macht jedes Mal eine Vierteldrehung im Uhrzeigersinn. Bei dieser Aufgabe muss man nicht nur genau auf Muster und Gesetzmäßigkeiten achten, sondern auch querdenken und sich überlegen, ob die großen Quadrate möglicherweise gedreht werden!

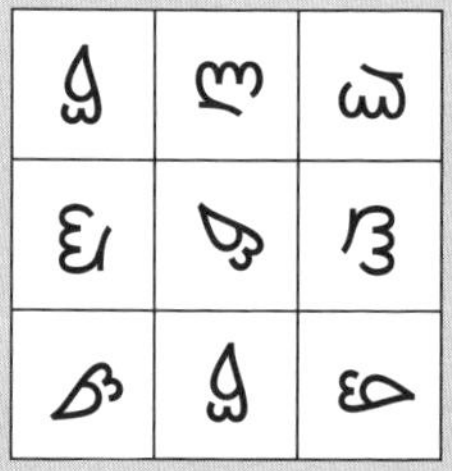

RÄTSEL 15 ANJAS JUWELEN I

Die Zickzackform (Abbildung rechts) kommt in Anjas Schublade als Einzige zweimal vor. Wenn Sie zu Seite 26 zurückblättern, sehen Sie dieses Zickzack oben links in der Schublade und dann noch einmal in etwas anderer Ausrichtung auf der rechten Seite.

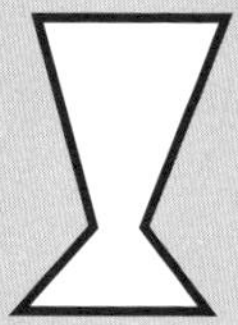

RÄTSEL 16 L-GITTER I

Die Umrisse der L-Formen in dem Gitter sind rechts abgebildet. Dieses Rätsel stellt Ihre Fähigkeit, Muster zu erkennen, und Ihre visuelle Logik auf eine harte Probe. Falls es Ihnen schwergefallen sein sollte, denken Sie daran, dass gerade schwierige Aufgaben Ihr Gehirn zu Höchstleistungen anregen!

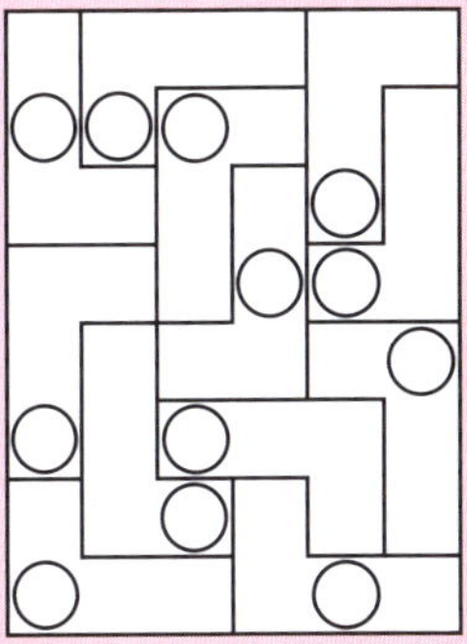

RÄTSEL 17 FRÖHLICHES LANDLEBEN II

Die Drachen C und D sehen genau gleich aus. Solche Rätsel, bei denen man identische Elemente erkennen muss, fördern schnelles, effizientes Denken, mit dem Sie auch die täglichen Herausforderungen bei der Arbeit, an der Schule oder Universität oder im Privatleben künftig besser meistern werden!

RÄTSEL 18 WO IST DER RICHTIGE SCHLÜSSEL? II

Folgende Schlüssel und Schlüssellöcher passen zusammen: 1 = C, 2 = D, 3 = A, 4 = F, 5 = B und 6 = E. Es lohnt sich, mithilfe solcher Rätsel Ihr Konzentrationsvermögen und Ihren Blick fürs Detail zu schärfen, denn visuelles Denkvermögen kann Ihre geistige Leistungsfähigkeit deutlich erhöhen.

RÄTSEL 19 CHANCERS SCHATTEN

Chancer hat den Schatten D. Solche Rätsel schärfen nicht nur den Blick fürs Detail, sondern man übt sich dabei auch darin, visuelle Informationen im Kurzzeitgedächtnis zu speichern.

RÄTSEL 20 WER FINDET DIE FEHLENDE FLIESE? II

Die fehlende Fliese ist C (Abbildung rechts). In der oberen Reihe wandert jeder Buchstabe von Fliese zu Fliese um vier Stellen im Alphabet zurück. In der mittleren Reihe wandern die Buchstaben jeweils um drei Stellen vorwärts, in der unteren Reihe um zwei Stellen rückwärts. Diese Aufgabe ist schwieriger als das erste Rätsel (vgl. Rätsel 10), weil dabei auch die Vorwärts- und Rückwärtsbewegungen von Buchstaben ins Spiel kommen. Solche Rätsel, die mehrere Hirnregionen gleichzeitig stimulieren, sind ein optimales Denktraining!

A	N	G
P	Q	L
J	T	P

RÄTSEL 21 DER TANGRAM-TEST II

In den rechts dargestellten Kombinationen bilden die Tangrams einen Pfeil, ein Kaninchen und ein E. Tangrams erhöhen die Kreativität.

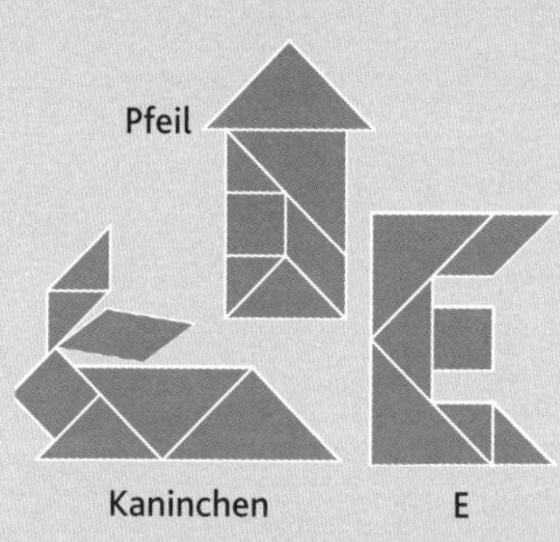

RÄTSEL 22 STEMPELSALAT II

Folgende Stempel und Abdrücke gehören zusammen: 1 = C, 2 = D, 3 = B, 4 = E und 5 = A. Der Besitzer des Schreibwarenladens hält viel von visuellem Denken. Er ist überzeugt, dass man nicht das ganze Potenzial seines Gehirns ausschöpfen kann, wenn man keine ausgeprägte visuelle Intelligenz besitzt. Mit dem Durcharbeiten der Rätsel in diesem Buch legen Sie das Fundament für eine deutlich bessere Gehirnleistung im Beruf und auch in anderen Lebensbereichen!

RÄTSEL 23 TEPPICHWÜRFEL I

Die richtige Antwort lautet D (Abbildung rechts). Der Rätselfreund löst ständig Irrgartenrätsel und andere Denkaufgaben. Daher ist seine visuelle Intelligenz gut ausgeprägt, und er kann die Frage fast auf Anhieb richtig beantworten.

RÄTSEL 24 DER KREISEL

Lady Walsinghams Sohn hat sich für Kreisel G entschieden. Um dieses Rätsel richtig zu lösen, muss man wirklich auf jedes Detail des Designs achten – ein gutes Training für Ihre visuelle Logik und Ihre Aufmerksamkeit!

RÄTSEL 25 ANJAS JUWELEN II

Die ovale Form (Abbildung rechts) kommt als Einzige zweimal in der Schublade vor. Manchen Menschen fällt dieser visuelle Erkennungstest leicht, während andere ihn als große Herausforderung empfinden. Wie gut lösen Sie Denkaufgaben wie dieses Suchspiel oder Rätsel 15?

RÄTSEL 26 FRÖHLICHES LANDLEBEN III

Bei A ist die oberste Form im oberen Teil des rechten Flügels schwarz. Bei B fehlt der rechte Fühler. Bei C fehlt der Fühler unten am linken Flügel. Bei D fehlt ein weißer Fleck am unteren Teil des rechten Flügels. Bei E weist der obere Teil des linken Flügels einen zusätzlichen schwarzen Fleck auf.

RÄTSEL 27 JONGLIEREN MIT SECHSECKEN I

Die Sechsecke müssen so aneinandergefügt werden wie rechts abgebildet. Mit etwas Übung kann man die Fähigkeit entwickeln, verschiedene Lösungsmöglichkeiten visuell im Gedächtnis zu speichern, während man in Gedanken mit diversen Anordnungen der Sechsecke herumexperimentiert. In diesem Rätsel üben Sie, Zusammenhänge schnell zu erkennen bzw. herzustellen.

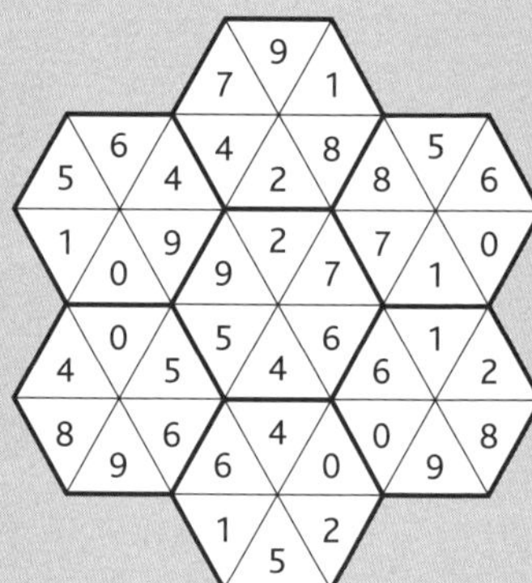

RÄTSEL 28 FUTUREWORLD II

Bei diesem Würfel fehlen insgesamt 34 Blöcke. Diese sind in fünf Ebenen rechts abgebildet. Bei der Lösung dieses Rätsels müssen Sie sich vorstellen, wie die Blöcke dreidimensional zusammenpassen, und dabei gleichzeitig in Gedanken zählen, wie viele fehlen. Das fördert das Zusammenspiel verschiedener Hirnregionen und verbessert die Gehirnleistung.

17
10
4
2
1

RÄTSEL 29 RECHNEN MIT HERZ I

Die Auflösung der »Symbol-Gleichungen« lautet: Herz = 13, Quadrat = 12, Stern = 11, Dreieck = 8. Anfangs stöhnten die Schüler über dieses Rätsel, doch inzwischen haben sie eingesehen, dass sich ihr Denken und ihr visuelles Vorstellungsvermögen durch dieses mathematische Training mit Symbolen deutlich verbessert haben. Üben Sie sich am Arbeitsplatz, an der Uni oder zu Hause bei jeder Gelegenheit im visuellen Denken. Das stärkt Ihre geistige Leistungsfähigkeit!

RÄTSEL 30 SCHOKOLADE IST GUT FÜRS GEHIRN

Die drei Linien, durch die fünf Abschnitte mit jeweils sechs verschiedenen Schokoladenplätzchen entstehen, sind rechts abgebildet. Auch dieses Rätsel fördert die visuelle Logik.

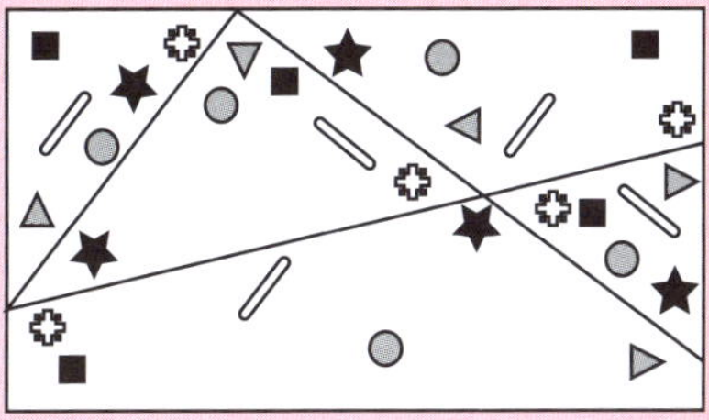

RÄTSEL 31 UHRENCODE I

Die fünfte Uhr muss 3.43 Uhr zeigen (Abbildung rechts). Der Zeitunterschied zwischen den Uhren 1 bis 4 beträgt: plus 1 Stunde und 13 Minuten (von Uhr 1 zu Uhr 2), plus 1 Stunde und 31 Minuten (von Uhr 2 zu Uhr 3), plus 1 Stunde und 13 Minuten (von Uhr 3 zu Uhr 4). Der Zeitunterschied zwischen Uhr 4 und Uhr 5 muss also plus 1 Stunde und 31 Minuten betragen. Wenn man zu 2.12 (Uhr 4) 1 Stunde und 31 Minuten dazuzählt, ergibt das 3.43 Uhr.

RÄTSEL 32 AUSSENSEITER II

Die Antwort lautet C4 (Abbildung rechts). Denn dieses Feld enthält ein Blumensymbol, und die Blumen passen in Reihe 3. Der Lehrer ist stolz auf sein Konzentrationsvermögen und seine visuelle Logik und löst das Rätsel dank dieser Eigenschaften ziemlich schnell. Wie lange haben Sie dazu gebraucht? Verbessert sich Ihre Leistung bei Rätseln, die visuelle Logik und einen scharfen Blick fürs Detail erfordern, durch das Üben allmählich?

RÄTSEL 33 FRÜH ÜBT SICH, WER EIN SCHNEIDER WERDEN WILL II

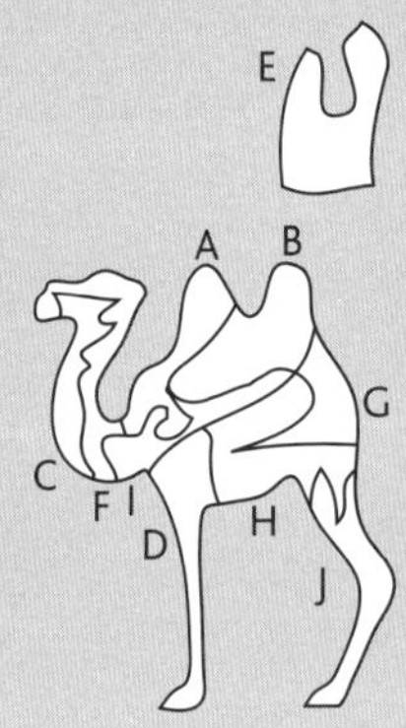

Teil E ist überflüssig. Das Kamel lässt sich aus den Teilen A, B, C, D, F, G, H, I und J zusammensetzen (Abbildung rechts), wobei D und J die Beine bilden. Die Puzzles der Schneiderin sind bei ihren Lehrlingen gefürchtet, doch sie sind sich darüber einig, dass ihnen die visuelle und mentale Logik, die sie dadurch entwickeln, bei ihrer Arbeit sehr zugutekommt.

RÄTSEL 34 DAS BUCHSTABENGITTER I

Die Buchstaben sollten so in dem Gitter angeordnet werden wie rechts abgebildet. Dann enthält jede Reihe, jede Spalte und jede dick umrandete Form jeweils alle sechs Buchstaben.

A	F	B	D	C	E
F	E	C	A	**B**	D
B	C	D	F	E	A
E	D	A	**C**	F	B
C	A	E	B	**D**	F
D	B	**F**	**E**	A	C

RÄTSEL 35 SCHIFFE VERSENKEN II

Das richtig ausgefüllte Gitter mit den Schiffen und Bojen ist rechts abgebildet. Captain Buckinghams Schiffe-versenken-Rätsel haben sich als gutes Training für angewandte Logik und visuelle Intelligenz erwiesen.

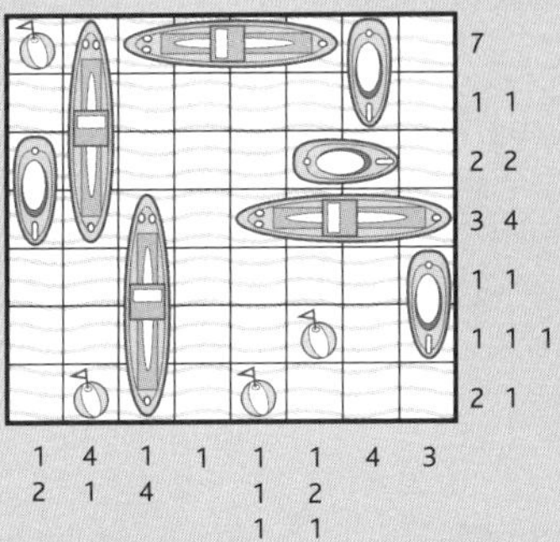

RÄTSEL 36 L-GITTER II

Die Umrisse der L-Formen in dem Gitter sind rechts abgebildet. Da Eds Freundin selbst auch schon solche Rätsel entwickelt hat, ist sie im Erkennen und Umarrangieren von Mustern geübt. Obwohl diese Version des Rätsels ziemlich schwierig ist, löst sie es innerhalb der vorgegebenen sechs Minuten. Wie lange haben Sie dazu gebraucht?

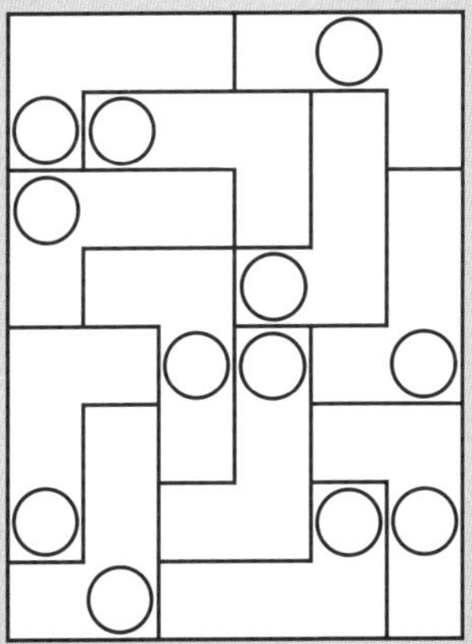

RÄTSEL 37 SÖREN SÖRENSENS SKELETT

Der richtige Schatten ist B.

RÄTSEL 38 FUTUREWORLD III

Bei dem Würfel fehlen 86 Blöcke. Diese sind in sechs Ebenen rechts abgebildet. Dieses Rätsel stellt Ihr Talent zum Jonglieren mit Zahlen und Ihr visuelles Vorstellungsvermögen auf eine harte Probe. Sie müssen sich die Anordnung der Würfel räumlich vorstellen, dürfen dabei aber natürlich auch mit Papier und Bleistift arbeiten. Benutzen Sie dazu die leeren Seiten für Notizen hinten im Buch.

RÄTSEL 39 AUSWEGLOSE SITUATION?

Der Weg vom einen grauen Punkt zum anderen ist rechts abgebildet.

RÄTSEL 40 SUDOKU-KUCHEN II

Das vervollständigte Design des Sudoku-Kuchens ist rechts abgebildet. Dieses Muster ist schwieriger zu ergänzen als das in Rätsel 1, weil mehr Felder leer gelassen wurden. Nach Aussage von Gedächtnistrainern entstehen durch das Lösen von Sudokus neue Nervenverbindungen, die die Gehirnleistung steigern.

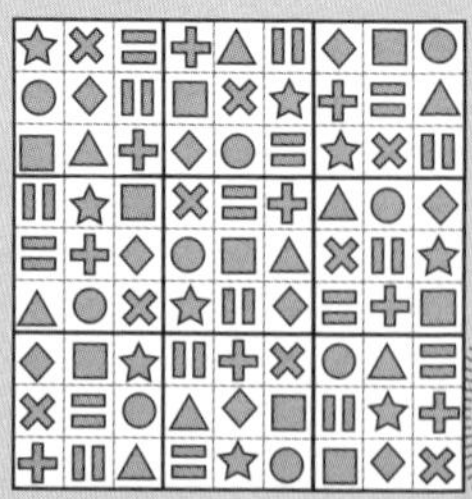

RÄTSEL 41 EINE FRAU MIT VIELEN GESICHTERN

Jede Reihe und jede Spalte der Matrix enthält ein Gesicht mit schwarzem, eines mit brünettem und eines mit blondem Haar. Außerdem enthält jede Reihe und Spalte zwei Gesichter mit dunklem und eines mit hellerem Lippenstift. In jeder Reihe und Spalte ist außerdem bei einem Gesicht eine Augenbraue hochgezogen und bei den anderen beiden nicht. Und schließlich ist in jeder Reihe und Spalte der Schönheitsfleck in einem Gesicht links neben dem Mund und in den anderen zwei Gesichtern rechts neben dem Mund. Das fehlende Gesicht muss also brünette Haare haben und dunklen Lippenstift tragen, die Augenbraue darf nicht hochgezogen sein, und der Schönheitsfleck muss sich rechts neben dem Mund befinden.

RÄTSEL 42 UHRENCODE II

Die Uhr muss 10.55 Uhr zeigen (Abbildung rechts). Die Spionin findet heraus, dass die Unterschiede zwischen den vier Uhrzeiten plus 2 Stunden und 10 Minuten, minus 3 Stunden und 20 Minuten und plus 4 Stunden und 30 Minuten betragen; also muss die letzte Uhr eine Zeit von minus 5 Stunden und 40 Minuten zeigen. Wenn man von der vierten Uhrzeit (4.35) 5 Stunden und 40 Minuten abzieht, kommt 10.55 Uhr heraus.

RÄTSEL 43 RECHNEN MIT HERZ II

Die Auflösung der »Symbol-Gleichungen« in dem Gemälde lautet: Herz = 1, Quadrat = 18, Stern = 15, Dreieck = 27.

RÄTSEL 44 DAS PORTEMONNAIE

Die Tochter von Lady Walsingham hat Portemonnaie A gekauft. Das Erkennen kleiner Unterschiede wie in dieser Aufgabe (und auch in den anderen Walsingham-Rätseln) fördert Detailgenauigkeit und visuelles Gedächtnis.

RÄTSEL 45 FRÜH ÜBT SICH, WER EIN SCHNEIDER WERDEN WILL III

Form B, C, F, G, H und I ergeben zusammen den Stern (Abbildung rechts). Die Formen A, D und E werden nicht gebraucht. Wie die anderen Schneiderlehrlingsrätsel fördert auch dieses Puzzle die Fähigkeit, visuelle Zusammenhänge zu erkennen.

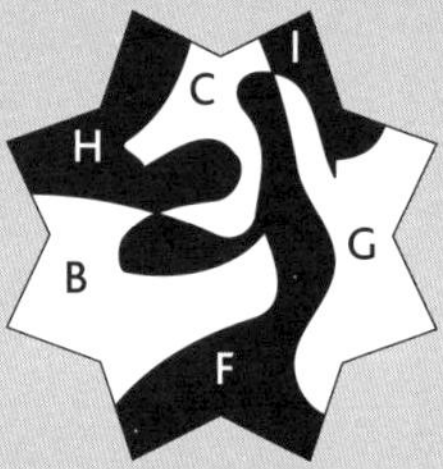

RÄTSEL 46 GLEICHHEIT UND GENÜGSAMKEIT

Wills Design ist rechts abgebildet. Er lässt es auf die Vorderseite von T-Shirts drucken, zusammen mit dem Slogan »Nimm dir ein bisschen weniger …« – und auf der Rückseite des T-Shirts geht es dann weiter: »… und lass anderen ein bisschen mehr«.

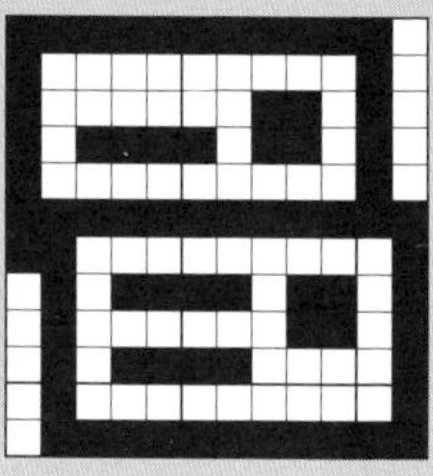

RÄTSEL 47 DAS BUCHSTABENGITTER II

Das fertig ausgefüllte Gitter ist rechts abgebildet. Andreas empfindet das Rätsel als spannende Herausforderung für sein verbales und visuelles Denkvermögen.

F	**D**	E	**C**	**B**	**A**
A	F	B	D	C	E
B	A	D	**E**	F	C
E	B	C	A	D	**F**
C	E	F	B	A	D
D	C	A	F	E	B

RÄTSEL 48 DER TANGRAM-TEST III

Die Tangram-Teile bilden in den rechts dargestellten Kombinationen einen Hund, einen Schwan und eine Katze. Ebenso wie die drei Denkaufgaben mit den fehlenden Würfeln (vgl. Rätsel 4, 28 und 38) sind die Tangram-Rätsel ein gutes Training für Ihre Fantasie und Ihr Visualisierungsvermögen.

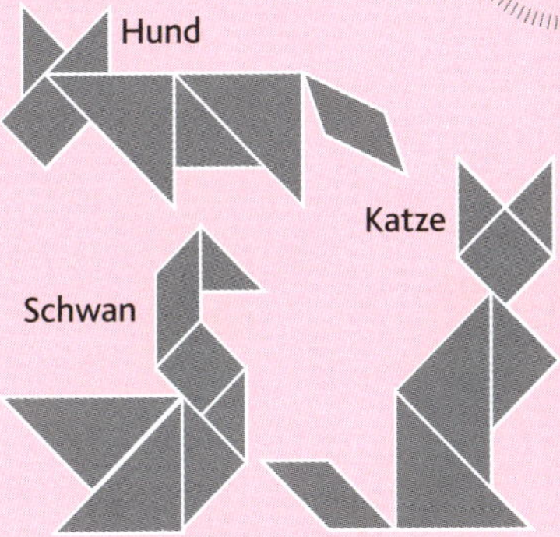

RÄTSEL 49 JONGLIEREN MIT SECHSECKEN II

Die Sechsecke müssen so aneinandergefügt werden wie in der Abbildung rechts. Das Experimentieren mit den möglichen Positionen der Sechsecke ist ein gutes Training für Ihr numerisches und visuelles Kurzzeitgedächtnis.

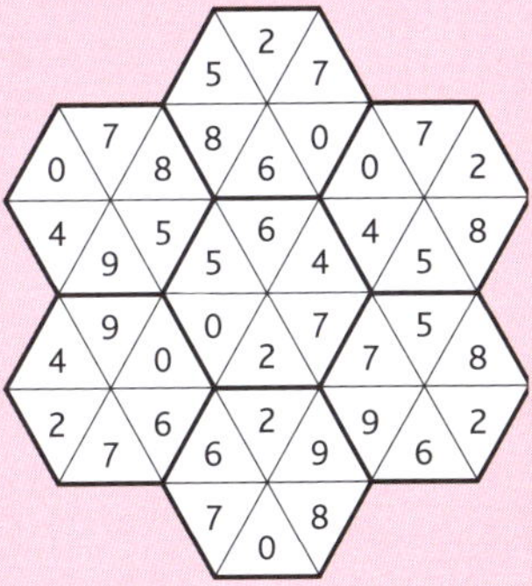

RÄTSEL 50 TEPPICHWÜRFEL II

Würfel B ist die richtige Lösung (Abbildung rechts). Bei diesem Rätsel müssen Sie sich vorstellen, wie ein zweidimensionales Muster in dreidimensionaler Form aussieht, und zwar aus verschiedenen Blickwinkeln. Das ist eine gute Übung für Ihr visuelles Wahrnehmungsvermögen und Ihre bildliche Vorstellungskraft. Auf dem schwarz-weißen Sitzwürfel, den der Möbeldesigner daraufhin für seine Freundin konstruiert, macht er ihr ein paar Monate später einen Heiratsantrag.

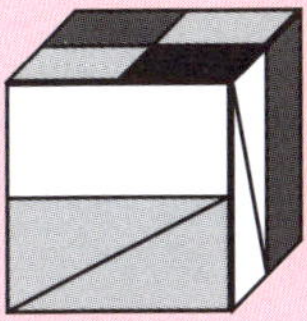

DIE HERAUSFORDERUNG: HABEN SIE EINE VISION?

In Alex' Laden gibt es nichts außer den Schaufensterpuppen, den Krawatten und ein paar Möbelstücken. Natürlich könnten Sie die Puppen wegräumen und die Krawatten dekorativ über den Tisch und die Stühle drapieren. Doch Sie möchten Ihren Kunden mit einem eindrucksvolleren visuellen Effekt überzeugen.

Also binden Sie vier männlichen Schaufensterpuppen Krawatten um und setzen zwei davon am einen Ende des Tischs auf die Stühle, während die anderen beiden dahinter stehen, als hätten die vier eine geschäftliche Besprechung. Einer weiblichen Schaufensterpuppe binden Sie eine verknotete Krawatte um den Kopf und platzieren eine männliche Puppe so dahinter, dass es so aussieht, als führe die Frau den Mann an der Krawatte, die er trägt, wie an einer Hundeleine. Dann binden Sie mehrere Krawatten aneinander und stellen vier Schaufensterpuppen in Paaren (zwei Frauen und zwei Männer) so einander gegenüber, als veranstalteten sie mit den Krawatten ein Tauziehen. Die beiden letzten Puppen stellen Sie so auf, dass sie auf mehrere am Fußboden miteinander verknotete Krawatten hinunterschauen wie auf ein Schlangennest oder eine auffallend gefärbte Pflanze. Als das Geschäft öffnet, bleiben mehrere Passanten interessiert stehen, schauen sich die Auslagen an und kommen herein. Schon bald klingelt die Kasse. Alex ist zufrieden.

Zu Alex Besprechung mit den Investoren nehmen Sie einen großen Block und einen Marker mit: Beides haben Sie in Ihrem Büro. Während Alex seine Strategie erläutert, zeichnen Sie einen einfachen Kasten, der eine Fabrik darstellen soll, und drei weitere Kästen mit der Aufschrift »Büro«, »Schule« und »Club«. Alex erklärt seinen Investoren gerade, dass er früher Luxuskrawatten für Manager produziert hat (Sie zeichnen einen Pfeil von der Fabrik zum Büro), dass dieser Markt aber nicht mehr lukrativ genug ist (Sie streichen den Pfeil wieder durch). Während Alex seinen Plan erläutert, von nun an Krawatten für Schulen und Mitglieder von Sportclubs zu produzieren, zeichnen Sie weitere Pfeile, die die Fabrik mit den Kästen »Schule« und »Club« verbinden. Sie weisen darauf hin, dass Manager schließlich auch schulpflichtige Kinder haben und Mitglieder in Clubs sind, sodass sie Alex'

Krawatten möglicherweise in ihrem Bekanntenkreis weiterempfehlen werden. Einer der Investoren fragt, ob es nicht vielleicht auch sinnvoll wäre, Firmenkrawatten für Fluglinien oder andere Dienstleistungsunternehmen zu fertigen. Daraufhin zeichnen Sie mit ein paar Strichen ein Flugzeug in Ihr Diagramm ein und verbinden es durch einen Pfeil mit der Fabrik. Da Sie gut zeichnen können, skizzieren Sie an der Seite des Flipcharts noch eine große gestreifte Krawatte. In den Knoten schreiben Sie WINDSORKNOTEN, in die einzelnen Streifen tragen Sie die Wörter »Schulen«, »Clubs« und »Unternehmen« ein.

Dann verabschieden Sie sich in aller Eile, denn gleich findet die Konferenz mit Ihrem Freund Julius und den Filmproduzenten statt. In Ihrem Büro angekommen, haben Sie nur noch ein paar Minuten Zeit, um die Präsentation vorzubereiten. Aus der Knetmasse Ihres Sohnes fertigen Sie eine menschliche Gestalt, legen diese mit dem Gesicht nach unten auf die Pizza und stecken ihr ein Messer in den Rücken. Außerdem legen Sie noch eine kleine Figur aus der Spielzeugkiste Ihres Sohnes auf die Pizza und stellen eine andere Figur so auf, als renne sie davon. Dieses Szenario soll Julius seinen Produzenten präsentieren: Eine geöffnete Pizzaschachtel mit einer halb aufgegessenen Pizza. Darauf liegt eine menschliche Gestalt mit einem Messer im Rücken und daneben befindet sich eine zweite Leiche und noch ein weiteres Opfer, das gerade die Flucht ergreift.

Erschöpft kehren Sie wieder in Ihr Büro zurück. Kaum sind Sie durch die Tür gekommen, ruft Alex an und berichtet, dass das Geschäft in dem von Ihnen dekorierten Laden sehr gut läuft und dass die Investoren bereit sind, ihn bei seinem neuen Geschäftsplan zu unterstützen. Er kann Ihnen also Ihr Honorar bezahlen. Kurze Zeit später kommt Julius vorbei und erzählt Ihnen, dass die Produzenten von der Präsentation begeistert waren und den Film finanzieren wollen. Auch er wird Ihnen somit Ihr Honorar nicht schuldig bleiben und bietet Ihnen darüber hinaus eine kleine Nebenrolle in dem Film an.

Endlich können Sie die ausstehende Miete für Ihr Büro bezahlen. Zufrieden mit der geleisteten Arbeit lehnen Sie sich in Ihrem Sessel zurück.

Gehirn, Gedächtnis und Bewusstsein von Steven Rose, Lübbe, 2000

Auf der Serviette erklärt: Mit ein paar Strichen schnell überzeugen statt lange präsentieren von Dan Roam, Redline, 2009

Auge und Gehirn von Richard L. Gregory, Rowohlt Tb., 2001

Geistesblitze von David Perkins, Piper, 2003

Mein Name ist Ascher Lev von Chaim Potok, Rowohlt Tb., 2000

Design und Typografie: ... für Dich! Die überraschend einfachen Gesetze guten Designs von Robin Williams, Addison-Wesley, 2008

Die blinde Frau, die sehen kann. Rätselhafte Phänomene unseres Bewusstseins von Vilaynur S. Ramachandran und Sandra Blakeslee, Rowohlt Tb., 2002

ZEN oder die Kunst der Präsentation. Mit einfachen Ideen gestalten und präsentieren von Garr Reynolds, Addison-Wesley, 2008

Ich sehe die Welt wie ein frohes Tier: Eine Autistin entdeckt die Sprache der Tiere von Temple Grandin, Ullstein Tb, 2006

Visuelle Intelligenz: Wie die Welt im Kopf entsteht von Donald D. Hoffman, dtv, 2003

Anschauliches Denken. Zur Einheit von Bild und Begriff von Rudolf Arnheim, DuMont Reiseverlag, 1972

»Visual Thinking« von Douglas Coupland, Essay in *Granta 101*, 2008

Webseiten:

www.digitalroam.typepad.com/digital_roam/visual_thinking

www.creativityworks.net

www.designinginteractions.com

Comic-Webseiten zur visuellen Stimulation und Erheiterung:

www.xkcd.com

www.dilbert.com

Über den Autor

Charles Phillips hat 20 Bücher verfasst und an über 25 weiteren Büchern mitgewirkt, darunter auch an *The Reader's Digest Compendium of Puzzles & Brain Teasers* (2001). In seinem Werk *Ancient Civilizations* (2005) befasste er sich mit indischen Intelligenz- und Bewusstseinstheorien, in *My Dream Journal* (2003) beleuchtete er die Traummechanismen unseres Gehirns, und in *Color for Life* (2004) untersuchte er, wie wir Farben wahrnehmen und darauf reagieren. Außerdem ist Charles Phillips ein begeisterter Spiele- und Rätselsammler.

Weitere Titel aus dieser Reihe: